于秉汝◎著

中国纺织出版社有限公司

内容提要

要想了解一家企业的管理运作如何，最简单最直接的方法便是阅读其财务报表。本书从财务报表的阅读、编制与分析三个方面对财务报表完整的四张表——损益表、资产负债表、现金流量表和所有者权益变动表的所有主要项目进行了详细的分析与讲解。本书系统性强，结构清晰，系统地介绍了财务报表各组成部分的阅读和分析方法，提供了一个阅读财务报表的捷径。全书通过上百个案例将各个科目立体展现，涉及不同市场、不同行业、不同时期的企业。因此，本书不仅适合企业管理者、投资者阅读，而且对于刚跨入财务领域的会计人员或者学生来说都是一本值得反复阅读学习的好书。

图书在版编目（CIP）数据

会计报表，一学就会 / 于秉汝著. -- 北京：中国纺织出版社有限公司，2020.8
ISBN 978-7-5180-7744-1

Ⅰ.①会… Ⅱ.①于… Ⅲ.①会计报表－会计分析 Ⅳ.①F231.5

中国版本图书馆CIP数据核字（2020）第145077号

策划编辑：史　岩　　责任编辑：曹炳镝
责任校对：高　涵　　责任印制：储志伟

中国纺织出版社有限公司出版发行
地址：北京市朝阳区百子湾东里A407号楼　邮政编码：100124
销售电话：010—67004422　传真：010—87155801
http://www.c-textilep.com
中国纺织出版社天猫旗舰店
官方微博 http://weibo.com/2119887771
三河市宏盛印务有限公司印刷　各地新华书店经销
2020年8月第1版第1次印刷
开本：710×1000　1/16　印张：13.5
字数：201千字　定价：55.00元

凡购本书，如有缺页、倒页、脱页，由本社图书营销中心调换

前 言
PREFACE

企业的财务报表就像是一本故事书,不仅仅是因为其篇幅动辄上百页,还因为企业的经理人通过财务报表讲述经营的故事,投资者通过财务报表选择加入或者不加入这个故事。通过财务报表我们能够洞察出企业的竞争力及发展前景。

作为企业的经理人,必须得懂点儿会计知识,至少能从报表数据中分析出企业存在的问题,并找到解决问题的突破口,这样才能帮企业控制成本,事半功倍。作为投资者,更要能读懂会计报表,否则看上市公司报告如看天书,怎能发现大黑马。

通过对报表的阅读与分析,我们能够发现,哪些企业经理人是在做对的事,增加企业价值;哪些企业经理人是在做错的事,降低或者毁损企业价值。若能活用财务报表,投资人不仅可以避免误踩地雷股,选对真正的好公司,更能产生长期持股的信心。

企业的经理人、投资者、债权人、国家税收部门、金融及证券监管部门是财务报表的主要阅读者,由于关心的问题不同,阅读的重点也不同。

如何看懂财务报表、分析财务报表的各项数据?

怎样挖掘这些信息、利用这些信息?

如何改善管理水平、提升经营效率、防范风险,为正确的科学决策提供重要的数据依据?

本书将一一为您解答。财务报表告诉我们的其实很多,关键在于它的语言我们是否听得懂。

本书具有以下优点：

一、图文并茂，通俗易懂

本书采用多图表形式，给读者营造一个轻松、愉快、高效的阅读环境。本书系统性强，结构清晰，系统地介绍了财务报表各组成部分的阅读和分析方法，提供了一个阅读财务报表的捷径。本书不仅适合企业管理者、投资者阅读，而且对于刚跨入财务领域的会计人员或者学生来说都是值得一读的好书。

二、体系严谨，纲举目张

本书涵盖了财务报表完整的四张表（损益表、资产负债表、现金流量表和所有者权益变动表）的所有主要项目，而且揭示了这些项目之间的勾稽关系。财务报表是一个具有很强勾稽关系的整体，不清楚勾稽关系就很难掌握财务分析技能。虽然本书分科目介绍，但是在每个科目的分析中，作者花大量笔墨厘清了科目之间的勾稽关系；同时在每个科目的分析要点中，经常结合其他科目关联分析，使读者整体阅读后能够清晰地掌握各科目之间的联系。

三、专注实务，引入大量鲜活实用的案例

本书结合了大量的实际案例，且案例与理论知识紧密结合。全书通过上百个案例将各个科目立体展现，涉及不同市场、不同行业、不同时期的企业。读者在掌握这些科目含义、特点及分析要点的同时，也能通过阅读案例熟悉相关企业及行业。一方面注重行业领域的全面性：涉及不同的行业领域，包括工业品、消费品、科技等多个行业；另一方面也兼顾了国内外资本市场：所选取的案例对国内和国外资本市场均有涉及。

对于本书的编写尽管我已经殚精竭虑，但由于水平有限，时间紧迫。不周之处在所难免，希望大家谅解。

最后，对一贯支持我的广大读者朋友和对本书的出版作出努力的朋友一并表示感谢。

于秉汝

2020 年 8 月

目 录
CONTENTES

第一章 了解一个企业从报表开始——报表入门

第一节 揭开神秘面纱——财务报告的含义和内容 / 002

一、财务报告的含义 / 002

二、财务报告的内容 / 002

第二节 财务报表的编制要求 / 005

第三节 财务报表的分类 / 005

第四节 谁在关注企业——财务报告的使用者 / 006

第五节 财务报表的作用 / 007

第二章 聚焦总体状况——资产负债表的阅读与分析

第一节 资产负债表概述 / 010

一、资产负债表含义 / 010

二、资产负债表的格式 / 010

三、资产负债表的结构 / 011

四、资产负债表的作用 / 013

第二节 资产项目解读 / 014

一、资产的定义及分类 / 014

二、流动资产 / 015

　　三、非流动资产 / 019

第三节　负债项目解读 / 022

　　一、负债的定义 / 022

　　二、流动负债 / 023

　　三、长期负债 / 025

第四节　所有者权益项目解读 / 026

第五节　资产负债总体分析 / 030

　　一、资产结构分析 / 030

　　二、资产结构的类型 / 031

　　三、资产结构的影响因素 / 031

第六节　资产负债表的局限性 / 032

第三章　获利是一种生存力——利润表的解读与分析

第一节　利润表概述 / 034

　　一、利润表的含义 / 034

　　二、利润表的格式 / 034

　　三、利润表的作用 / 038

第二节　利润表的内容 / 039

　　一、收入类项目 / 039

　　二、成本费用类项目 / 041

　　三、利润 / 046

第三节　利润表总体分析 / 047

　　一、盈利能力分析 / 047

　　二、盈利结构分析 / 048

三、企业利润质量分析 / 049

四、利润质量恶化的特征 / 052

第四节 利润表的局限性 / 053

第四章 现金为王——现金流量表的解读与分析

第一节 现金流量表概述 / 056

一、现金流量表的含义 / 056

二、现金流量表的结构 / 057

三、现金流量表的意义 / 059

第二节 现金流量表项目解读 / 059

一、现金及现金等价物 / 059

二、现金流量 / 060

三、经营活动产生的现金流量 / 061

四、投资活动产生的现金流量 / 064

五、筹资活动产生的现金流量 / 066

第三节 现金流量表的结构分析 / 068

第四节 现金流量表综合分析 / 071

一、现金流量表与损益表比较分析 / 071

二、现金流量表与资产负债表比较分析 / 074

第五节 现金流量表的缺陷 / 075

第五章 弄清所有者权益变动的来龙去脉

第一节 所有者权益变动表概述 / 078

一、所有者权益变动表的内容 / 078

二、所有者权益变动表的结构 / 079

三、所有者权益变动表的作用 / 083

第二节 所有者权益变动表项目分析 / 083

一、横向项目分析 / 083

二、纵向项目分析 / 088

第三节 从所有者权益变动表看利润分配 / 091

第四节 影响所有者权益结构的因素 / 092

第五节 所有者权益变动表的缺陷 / 092

第六章 不可轻视报表附注——会计报表附注分析

第一节 会计报表附注概述 / 096

一、会计报表附注的含义 / 096

二、会计报表附注的作用 / 096

三、会计报表附注的主要内容 / 097

第二节 分析会计报表附注寻找调查分析重点 / 102

一、分析的程序 / 102

二、关注会计报表附注分析提供的线索 / 103

第三节 相关项目的解读 / 104

一、会计政策、会计估计变更和会计差错更正的分析 / 104

二、或有事项的分析 / 105

三、资产负债表日后事项分析 / 106

四、关联方及其交易的分析 / 107

五、其他重要事项分析 / 109

第四节 会计报表附注信息披露的现存问题 / 110

第七章 授人以渔——财务报表的基本分析方法

第一节 报表分析的内容 / 112

第二节 报表分析方法分类 / 112

第三节 财务分析的作用 / 113

第四节 财务分析的主要方法 / 114

  一、比较分析法 / 114

  二、因素分析法 / 115

  三、比率分析法 / 116

  四、趋势分析法 / 118

第五节 财务分析的局限 / 118

第六节 改进财务分析的措施 / 121

第八章 洞悉企业能力——财务比率分析

第一节 财务比率分析概述 / 124

第二节 偿债能力分析 / 125

  一、短期偿债能力分析 / 125

  二、长期偿债能力分析 / 128

第三节 营运能力分析 / 136

  一、全部资产营运能力分析 / 136

  二、流动资产营运能力 / 139

  三、固定资产营运能力分析 / 143

  四、总资产周转情况分析 / 143

第四节 获利能力分析 / 144

第五节 成长能力分析 / 145

第九章 如何体现整体情况——财务综合分析

第一节 沃尔分析法 / 150

一、沃尔分析法简介 / 150

二、沃尔分析法的案例 / 151

第二节 杜邦分析法 / 154

一、杜邦分析法的意义 / 154

二、杜邦分析法体系 / 154

三、杜邦分析法案例 / 156

四、杜邦分析法缺陷及改进 / 159

第三节 雷达图法 / 161

一、雷达图法的内涵 / 161

二、雷达图法改进 / 166

第十章 有章可循——上市公司信息披露制度

第一节 上市公司信息披露概述 / 172

一、上市公司信息披露的原则 / 172

二、上市公司信息披露的要求 / 173

第二节 上市公司信息披露的基本内容 / 174

一、招股说明书 / 175

二、上市公告书 / 176

三、定期报告 / 177

四、临时报告 / 178

第三节　企业会计准则对上市公司信息披露的影响 / 181

　　一、会计要素的计量 / 182

　　二、会计信息的质量 / 183

　　三、新准则进一步完善 / 185

第十一章　借你一双慧眼——企业利润操纵行为的识别

第一节　利润操纵的概述 / 188

　　一、利润操纵的定义 / 188

　　二、上市公司利润操纵的动机 / 188

　　三、利润操纵的危害 / 190

第二节　企业操纵利润的常见手法 / 192

　　一、应收账款舞弊 / 193

　　二、其他应收款舞弊 / 193

　　三、金融工具的核算 / 195

　　四、长期股权投资 / 195

　　五、在建工程 / 196

　　六、会计政策、估计变更的滥用 / 196

　　七、利用减值准备调节利润 / 198

　　八、资产重组 / 199

　　九、关联交易 / 199

第三节　防止利润操纵的方法 / 202

第一章
了解一个企业从报表开始
——报表入门

如果我们想要了解一个历史人物，较为直接的方法便是读他的传记，如果我们想要了解一个企业的话，最简单直接的方法便是阅读其财务报表。股神巴菲特在谈及自己选股经验时提到投资前一定要仔细阅读其财务报表。

何为财务报表呢？从财务报表中我们到底能获知什么样的信息呢？财务报表有哪些类别呢？

本章将带您推开财务报表的大门，让您能了解其概念、内容，以及作用等，也为下面章节的学习奠定基础。

第一节　揭开神秘面纱——财务报告的含义和内容

一、财务报告的含义

在阅读企业财务会计方面的书籍或文章时，您一定经常会看到与财务报告相关的诸多名词，主要有财务报表、会计报表、财务报告、会计报告和财会计报告等，这些名词表达的含义大致相同。那么什么是财务报告呢？财务报告是指企业对外提供的反映企业在某一特定日期的财务状况和某一会计期间企业经营成果、现金流量等会计信息的文件。

通常我们所说的财务报告是指企业对外提供的财务会计报告。有了对外的财务报告，我们很容易想到企业的内部财务报告。一般来说，对内的财务报告为内部会计报表或内部报表。内部报表为企业内部相关部门的人员使用。

如果您曾经接触过会计工作或者学习过相关的会计课程，那么您对财务报告已经有了一定的理解。如果您是一个对会计知识一无所知或知之甚少的证券投资者，或者您对财务报告只有较抽象的认识，那么，别着急，看完下面的内容您就会对财务报告有一个初步的认识。

二、财务报告的内容

企业的财务报告包括财务报表和其他应当在财务报告中披露的相关信息和资料。

财务报表一般包括资产负债表、利润表、现金流量表和所有者权益（也称股东权益）变动表以及报表附注，如图1-1所示，它们为企业经营者和相关利益者最关心的问题提供信息或答案。资产负债表、利润表、现金流量表和所有者权益变动表是企业基本的财务报表。阅读和分析财务报告主要是指阅读和分析这四大基本报表。报表附注是对财务报表列示的项目所做的进一步说明,以便报表使用者更好地理解报表的信息内容。

其他应当在财务报告中披露的相关信息和资料是指对除财务报表内容以外,其他未能在财务报表中列示的项目所做的说明。这些项目是财务报告的重要组成部分,在财务报告分析中起着重要的作用,与信息使用者的决策相关。阅读财务报告时不能忽略这些内容。

财务报告分为年度、半年度、季度和月度财务报告。它们是按报告内容反映的财务情况所属的时间段来划分的。例如,月度财务报告是反映企业某月份的财务情况,年度财务报告是反映企业某会计年度的财务情况。在会计制度上将半年度、季度和月度财务报告这些报告期短于一年的财务报告统称为中期财务报告。由于中期财务报告的内容和格式类似于年度财务报告,只是相对来说有所简化,所以本书以企业年度财务报告为例来说明如何阅读财务报告。

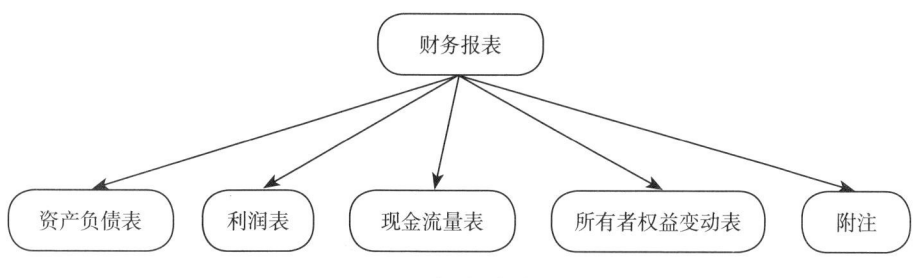

图1-1 财务报表的构成

资产负债表是反映企业在某一特定日期的财务状况的会计报表。企业编制资产负债表的目的是通过如实反映企业的资产、负债和所有者权益金额及其结构情况,从而有助于使用者评价企业资产的质量以及短期偿债能力、长期偿债能力和利润分配能力等。

利润表是反映企业在一定会计期间的经营成果的会计报表。企业编制利润表的目的是通过如实反映企业实现的收入、发生的费用以及应当记入当期利润的利得和损失等金额及其结构情况,从而有助于使用者分析评价企业的盈利能力及其构成与质量。

现金流量表是反映企业在一定会计期间的现金和现金等价物流入和流出的会计报表。企业编制现金流量表的目的是通过如实反映企业各项活动的现金流入、流出情况,从而有助于使用者评价企业的现金流和资金周转情况。

股东权益变动表是反映企业在某一特定日期股东权益增减变动情况的报表。股东权益增减变动表全面反映了企业的股东权益在年度内的变化情况,便于会计信息使用者深入分析企业股东权益的增减变化情况,并进而对企业的资本保值增值情况作出正确判断,从而提供对决策有用的信息。

附注是对在会计报表中列示项目所作的进一步说明,以及对未能在这些报表中列示项目的说明等。企业编制附注的目的是通过对财务报表本身作补充说明,以更加全面、系统地反映企业财务状况、经营成果和现金流量的全貌,从而有助于向使用者提供更为有用的信息,做出更加科学合理的决策。

财务报表是财务报告的核心内容,但是除了财务报表之外,财务报告还应当包括其他相关信息,具体可以根据有关法律法规的规定和外部使用者的信息需求而定。如企业可以在财务报告中披露其承担的社会责任、对社区的贡献、可持续发展能力等信息,这些信息对于使用者的决策也是相关的,尽管属于非财务信息,无法包括在财务报表中,但是如果有规定或者使用者有需求的,企业应当在财务报告中予以披露,有时企业也可以自愿在财务报告中披露相关信息。

资产负债表、利润表、现金流量表和所有者权益变动表虽然都是各自独立的报表,且各有各的目的与表达方式,但是彼此之间仍存在紧密的关系,如图1-2所示,均为企业经由企业信息系统所产出的结果,反映企业的经济活动。

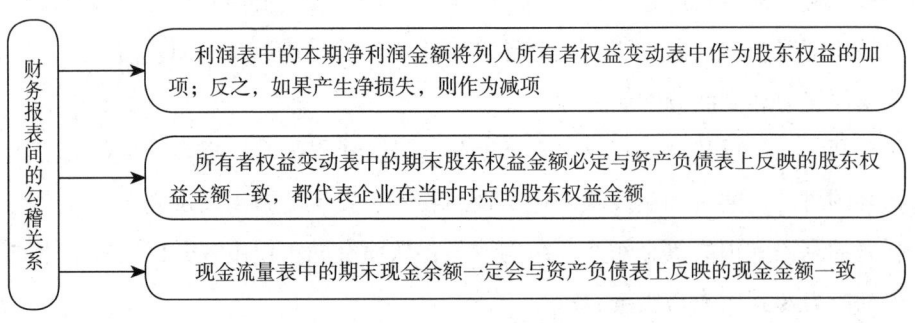

图1-2 财务报表间的勾稽关系

第二节　财务报表的编制要求

为了确保财务报表的质量，满足信息使用者的需求，财务报表的编制必须符合数字真实、内容完整、指标统一、报送及时等基本要求，如图 1-3 所示。

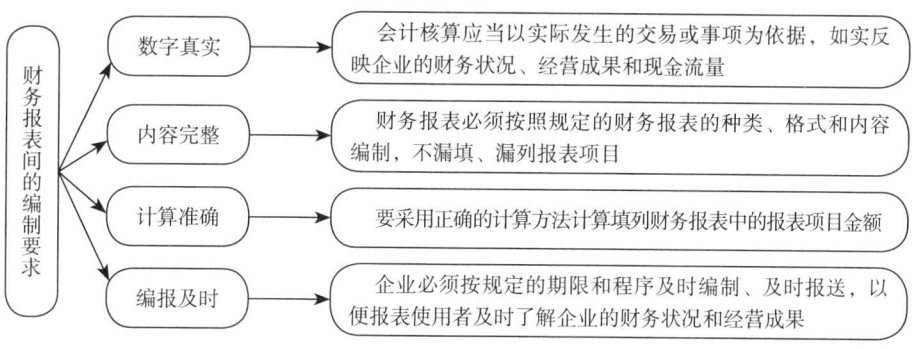

图 1-3　财务报表的编制要求

第三节　财务报表的分类

财务报表分类如表 1-1 所示。

表 1-1　财务报表的分类

分类标准	名称	说明
按服务对象	对外报表	是企业必须定期编制、定期向上级主管部门、投资者、财税部门等报送或按规定向社会公布的财务报表。资产负债表、利润表和现金流量表等均属于对外报表
	内部报表	是企业根据其内部经营管理的需要而编制的，供其内部管理人员使用的财务报表。如成本报表

续表

分类标准	名称	说明
按报表所提供会计信息的重要性	主表	主要财务报表。现行的主表主要有三张，即资产负债表、利润表和现金流量表
	附表	即从属报表。现行的附表主要有利润分配表和分部报表，是利润表的附表；应交增值税明细表和资产减值准备明细表，是资产负债表的附表
按编制和报送的时间	中期财务报表	广义的中期财务报表包括月份、季度、半年期财务报表。狭义的中期财务报表仅指半年期财务报表
	年度财务报表	是全面反映企业整个会计年度的经营成果、现金流量情况及年末财务状况的财务报表。企业每年年底必须编制并报送年度财务报表
按编报单位不同	基层财务报表	由独立核算的基层单位编制的财务报表，是用以反映本单位财务状况和经营成果的报表
	汇总财务报表	是指上级和管理部门将本身的财务报表与其所属单位报送的基层报表汇总编制而成的财务报表
按编报的会计主体不同	个别报表	指在以母公司和子公司组成的具有控股关系的企业集团中，由母公司和子公司各自为主体分别单独编制的报表，用以分别反映母公司和子公司本身各自的财务状况和经营成果
	合并报表	以母公司和子公司组成的企业集团为一会计主体，以母公司和子公司单独编制的个别财务报表为基础，由母公司编制的综合反映企业集团经营成果、财务状况及其资金变动情况的财务报表

第四节 谁在关注企业——财务报告的使用者

在市场经济条件下，与企业有经济利害关系的有关方面通常是借助于企业的财务报告以及以财务报表为基础的一系列财务指标来对企业进行财务状况评价的。一般而言，与企业有经济利害关系的有关方面可以分为投资者、企业的债权人、商品或者劳务供应商、顾客、企业经营决策者、员工、政府管理部门、公众和竞争对手等，如图1-4所示。

第一章 了解一个企业从报表开始——报表入门

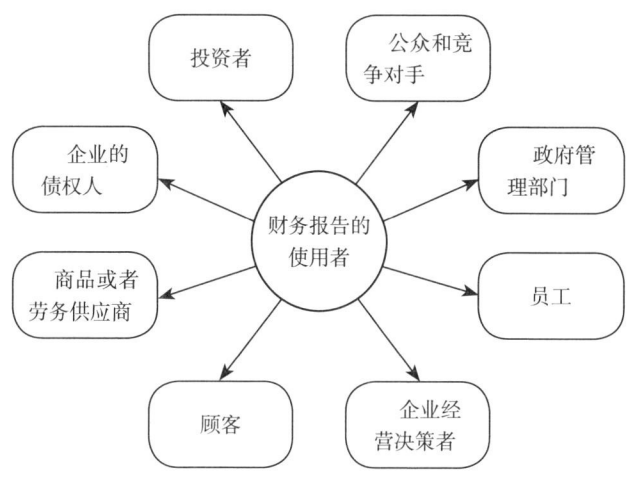

图1-4 财务报表的使用者

第五节 财务报表的作用

在市场经济条件下，由于现代企业制度的建立，企业所有权与经营权相分离，存在企业"外部"和企业"内部"之间的委托经营与受托经营的关系，同时企业必须面向市场，进行筹资、投资和经营活动，客观上要求企业向投资人、债权人及其他各方面的信息使用者提供财务信息。因此，企业财务报表的主要作用体现在这样几个方面，如图1-5所示。

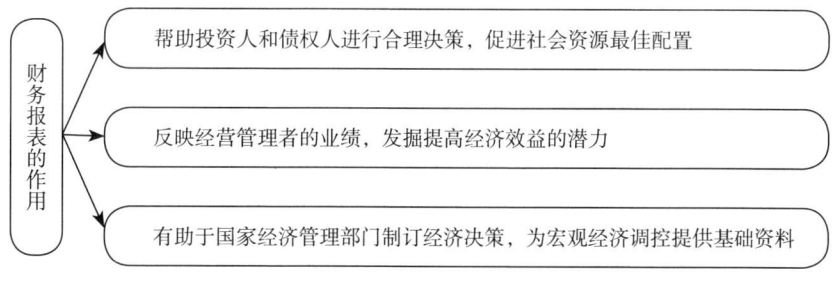

图1-5 财务报表的作用

007

第二章
聚焦总体状况
——资产负债表的阅读与分析

如果把企业比作一个躯体的话,那么资产负债表所反映的便是各个部分是如何构成这个躯体的。这其中的各个部分的构成是非常有讲究的,比例的失调是会对企业的健康构成威胁的;只有达到和谐的比例关系,企业才能容光焕发,充满生机。

接触财务的人应该会对"资产＝负债＋所有者权益"有所耳闻,但您知道这个等式的内涵吗?对于资产、负债及所有者权益内部的项目您了解吗?本章将对资产负债表进行解读,并对资产负债表的总体分析进行介绍。

第一节　资产负债表概述

一、资产负债表含义

资产负债表是指反映企业在某一特定日期财务状况的会计报表。它反映企业在某一特定日期所拥有或控制的经济资源、所承担的现时义务和所有者对净资产的要求权。通过资产负债表，可以提供某一日期资产的总额及其结构，表明企业拥有或控制的资源及其分布情况，使用者可以一目了然地从资产负债表上了解企业在某一特定日期所拥有的资产总量及其结构；可以提供某一日期的负债总额及其结构，表明企业未来需要用多少资产或劳务清偿债务以及清偿时间；可以反映所有者所拥有的权益，据以判断资本保值、增值的情况以及对负债的保障程度。

资产负债表是企业最重要的报表之一，它可以提供以下信息：

1. 资产、负债和所有者权益的全貌。通过资产负债表可以了解企业某一日期资产的总额，表明企业拥有的经济资源及其分布情况。

2. 反映企业某一日期的负债总额以及结构，表明企业未来需要用多少资产或者劳务清偿债务；反映所有者权益的情况，表明投资者在企业资产中所占的份额，以及权益的结构情况。

3. 提供进行财务分析的基本资料，通过资产负债表所提供的数据，可以了解企业的偿债能力等。

4. 了解企业所拥有经济资源的总额及构成；资金占用结构及各种资产的比例；企业所拥有的经济资源多少来自于债务人的投资等。

二、资产负债表的格式

资产负债表有两种格式：即报告式和账户式，这里重点介绍账户式结构。

在我国，资产负债表采用账户式结构，报表分为左右两方，左方列示资产各项目，反映全部资产的分布及存在形态；右方列示负债和所有者权益各项目，反映全部负债和所有者权益的内容及构成情况。资产负债表左右双方平衡，资产总计等于负债和所有者权益总计，即"资产＝负债＋所有者权益"。资产、负债均按流动性排列，流动性强的在先，弱的在后。负债中偿债期限短的在先，长的在后。所有者权益按形成来源分类后，按其留在企业的永久程度排列，如表2-1所示。

表2-1　资产负债表账户式

单位：万元

资产	金额	负债及所有者权益	金额
流动资产		流动负债	
长期投资		长期负债	
固定资产		负债合计	
无形资产及其他资产		所有者权益	
		所有者权益合计	
资产总计		负债及所有者权益合计	

此外，为了使使用者通过比较不同时点资产负债表的数据，掌握企业财务状况的变动情况及发展趋势，企业需要提供比较资产负债表，资产负债表还就各项目分为"年初余额"和"期末余额"两栏分别填列。

三、资产负债表的结构

资产负债表由表首、基本部分和补充资料三部分组成。

表首是报表的基本标志，列有报表名称、编制单位、报表编号、编报日期和金额单位等项目。由于资产负债表是反映期末资金静态的报表，所以编报的日期应填写报告期末最后一天的日期。

基本部分是报表的主体，资产负债表分为左右两方。左方列示资产，资产按照流动性分类，如图2-1所示。

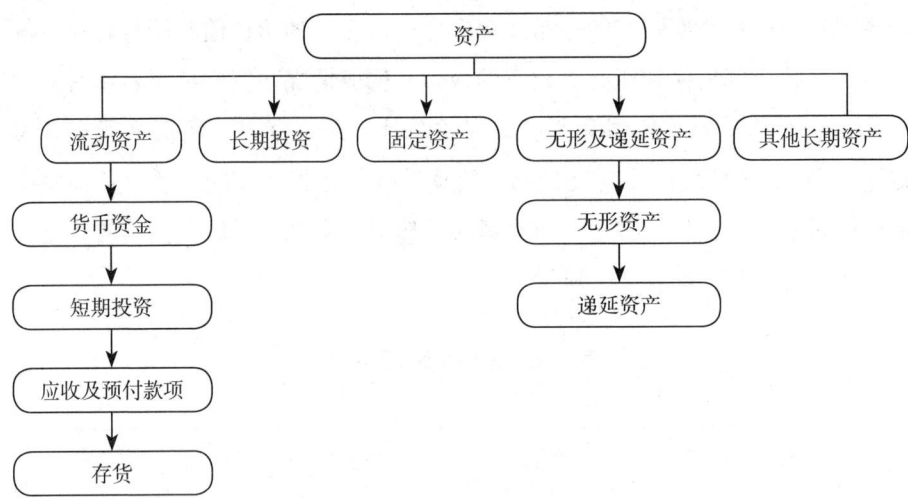

图2-1 资产按流动性分类

资产负债表的右方项目列示负债和所有者权益，负债按偿还期限的长短分为流动负债和长期负债，如图2-2所示。

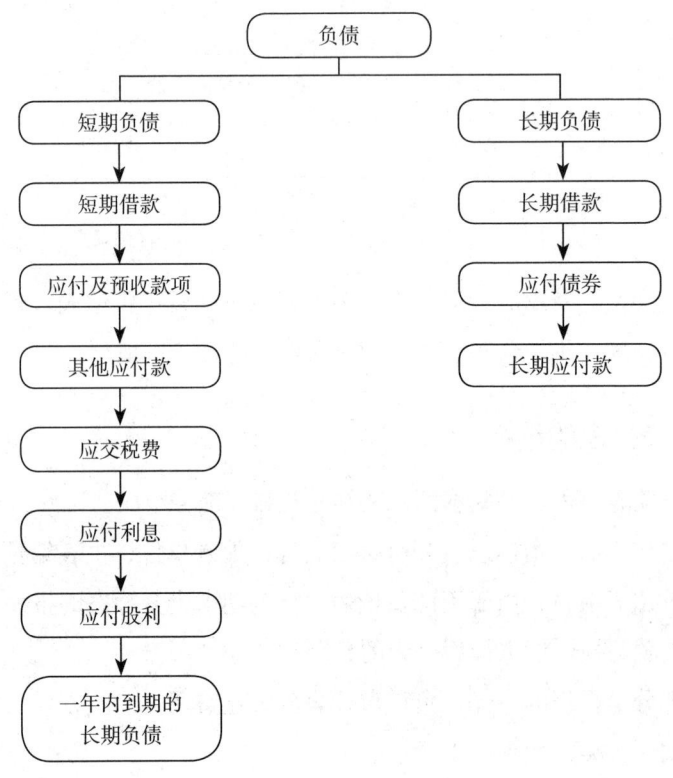

图2-2 负债按偿还期限分类

所有者权益按形成来源分类,如图2-3所示。

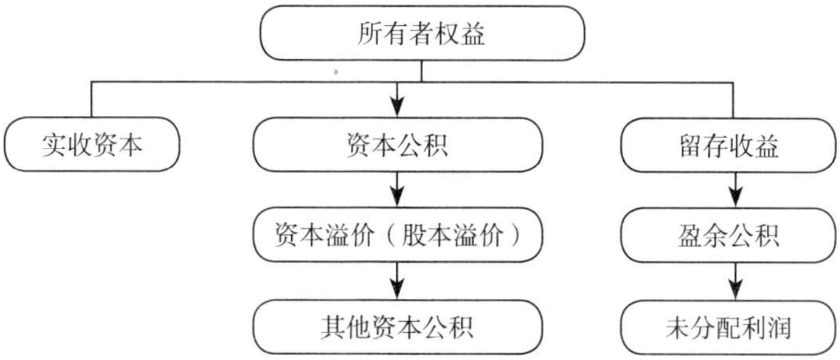

图2-3 所有者权益按形成来源分类

补充资料也是资产负债表的重要组成部分,列在资产负债表的下端。补充资料所提供的是使用者需要了解,但在基本部分中无法反映或难以单独反映的一些资料。主要注明商业承兑汇票贴现的金额;融资租入固定资产的原价;库存商品的期末余额;商品削价准备的期末余额。

另外,资产负债表除了列示各项资产、负债和所有者权益项期末余额外,通常还列示这些项年初余额,通过对年初、期末数的比较,可以看出各资产、负债及所有者权益项净变动及其结果。这种格式的资产负债表通常称为比较资产负债表。除非存在资产负债表日后事项的影响,通常情况下,资产负债表各项12月末余额就是当年的年末余额,因而,年度资产负债表往往和当年12月的资产负债表相同。

四、资产负债表的作用

资产负债表具有非常重要的作用,尤其是在分析企业资产质量和资产结构,判断企业财务风险等方面的作用非常明显,主要有四个方面的作用,如图2-4所示。

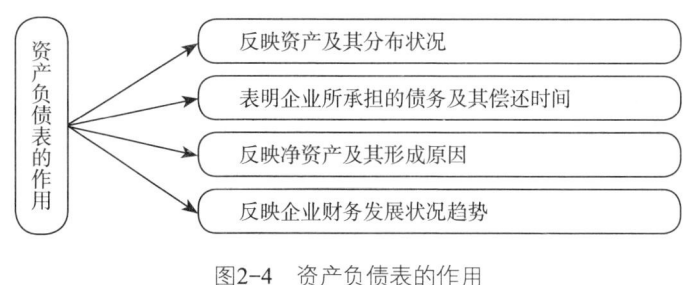

图2-4 资产负债表的作用

第二节 资产项目解读

一、资产的定义及分类

财政部2006年颁布的《企业会计准则——基本准则》将资产定义为：企业过去的交易或者事项形成的，由企业拥有或者控制的，预期会给企业带来经济利益的资源。根据资产的定义，资产具有以下几个方面的特征，如图2-5所示。

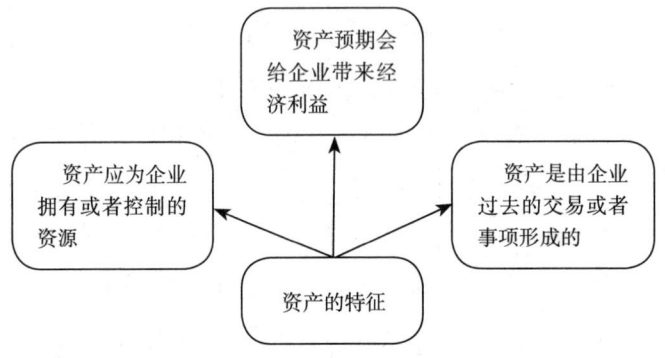

图2-5 资产的特征

资产可以按照不同的标准进行分类。常见的分类标准有流动性和实物形态，如图2-6所示。

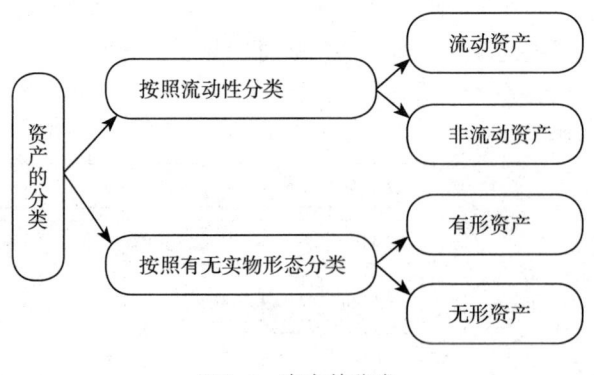

图2-6 资产的分类

二、流动资产

流动资产是指企业可以在一年内或者超过一年的一个营业周期内变现或者耗用的资产,是企业资产中必不可少的组成部分。流动资产主要包括以下内容,如图2-7所示。

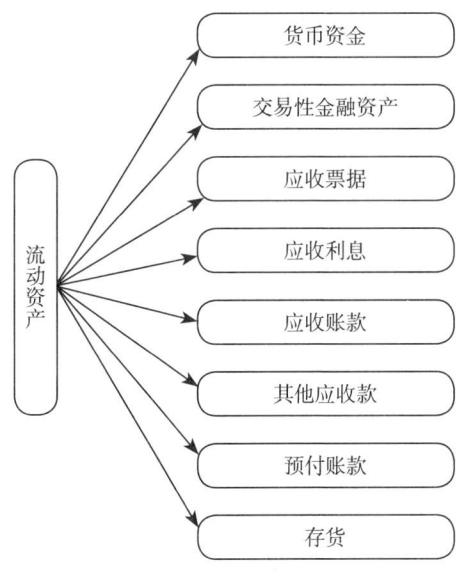

图2-7 流动资产的内容

1. 货币资金

货币资金是指在企业生产经营过程中处于货币形态的那部分资金,按其形态和用途不同可分为库存现金、银行存款和其他货币资金。现金是指企业库存的现款。根据我国现金管理的规定,超过限额的部分必须当天存入银行。其他货币资金包括外埠存款、银行汇票存款、银行本票存款、信用证保证金存款、信用卡存款、存出投资款等。货币资金在企业资产中流动性最强,盈利性最弱。货币资金越多,企业的支付能力和财务适应能力就越强,同时闲置的资金有可能越多。

企业保持一定的货币资金的动机主要有:支付动机、预防动机和投资动机。但是货币资金的持有应当适度,如果持有量过大,则导致企业整体盈利能力下降,反之如果持有量太小,则可能增加企业流动性风险。企业货币资金持有量由以下因素决定，如图2-8所示。

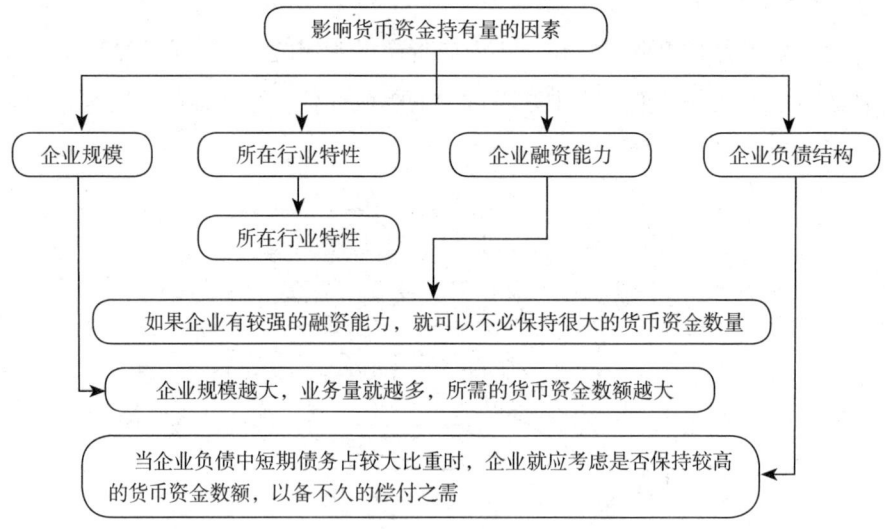

图2-8　影响货币资金持有量的因素

2.交易性金融资产

交易性金融资产主要是指企业为了近期内出售而持有金融资产。例如，企业以赚取差价为目的从二级市场购入的股票、债券、基金等。其特点有：

（1）企业持有的目的是短期性的，即在初次确认时即确定其持有目的是短期获利。一般此处的短期也应该是不超过1年（包括1年）。

（2）该资产具有活跃市场，公允价值能够通过活跃市场获取。

（3）交易性金融资产持有期间不计提资产减值损失。

交易性金融资产投资越多，企业的支付能力和财务适应能力就越强。但是交易性金融资产投资也存在一定的风险。因此，企业需要根据自身的实际情况在盈利性和流动性之间寻找一个最佳的投资额。

3.应收票据

应收票据作为一种债权凭证，是指企业因销售商品、产品、提供劳务等而收到的，还没有到期的，尚未兑现的商业汇票，包括商业承兑汇票和银行承兑汇票。应收票据已经确立，就使商品交易关系转变为债权债务关系，商业票据的期限一般为30～180天。出现在资产负债表中的应收票据，一般都认为是能够回收的。

深圳市中金岭南有色金属股份有限公司（以下简称中金岭南）2007年年末资产负债表中的应收票据金额为158 133 850.09元，不包括已向银行贴现的41 360 000元应收票据款，该票据的出票日期和到期日期分别为2007年7月和2008年3月。由于银行对已贴现票据具有追索权（到期向付款方收不回票据款，反过来向中金岭南收款），所以，在报表附注内容中公司必须注明已贴现的商业汇票款，以提醒投资者注意这笔可能的债务。如果已贴现的商业汇票金额过大，可能会对企业的财务状况产生较大的影响。

4. 应收利息

应收利息则是指企业因债权投资而应收取的一年内到期收回的利息，主要包括以下情况：

（1）企业购入的是分期付息到期还本的债券，在会计结算日，企业按规定所计提的应收款利息。

（2）企业购入债券时实际支付款项中所包含的已到期而尚未领取的债券利息。

当企业将资金存入银行或者购入某种债券时，它可以定期从债务人那里获得与债权相对应的利息，记入应收利息中。

5. 应收账款

应收账款是指企业因销售商品、材料、提供劳务等，应向购货单位收取的款项，以及代垫运杂费和承兑到期而未能收到款的商业承兑汇票。与应收票据相比，它使用的是非票据方式结算，其信用风险要大于应收票据，由此衍生出了坏账准备。企业的应收账款越多，期限越长，发生坏账损失的可能性就越大。此外，应收账款反映的是企业自己的资金被信用单位无偿占用的情况，一般不付利息。资金总量一定时，应收账款占用越多，损失就可能越大，资金的使用效率会降低，有出现现金短缺的可能性。因此，应尽量减少其占用数额。应收账款应控制在多大的范围内取决于销售中赊销的规模、信用政策、收款政策及市场经济情况等因素。另外，要注意应收项目骤增的情况。企业在营业额不足的时候，可能将货物赊销给关系较好的老客户，以达到拉动销售额，增加营业利润的目的。在这种情况下，应收项目就会骤增。但是应收项目的增加并不一定是虚增利润，成长中的企业应收项目的增加是正常的。

另外，应观察企业应收账款的债务人是集中的还是比较分散的，有的企业的主要客户非常少，主要向一两个客户进行销售，由此形成的应收账款可能具有较大的风险，原因在于一旦其客户面临财务危机，企业的坏账可能大大增加，或者企业为了保持自身的销售收入和利润，不得不接受客户比较苛刻的购货条件，导致账龄增加，或者现金折扣上升。但是如果企业的客户群非常分散，客户众多，一方面会降低上述风险，但另一方面也增加了应收账款的管理难度和管理成本，因此在进行分析时应当综合以上因素考虑。

坏账准备的计提应当关注计提方法和计提比率。首先应当观察企业应收账款计提方法是否在不同期间保持一致，企业是否对计提方法的改变做出了合理的解释。企业计提比率是否恰当，是否低估了坏账比率，是否有利用坏账调节利润的行为等。

6. 其他应收款

其他应收款是由非购销活动所产生的应收债权，包括企业拨出的备用金，应收的各种赔款、罚款，应向职工收取的各种垫付款项，以及因不符合预付款性质而按规定转入的预付账款，等等。如果企业的经营活动正常，其他应收款的数额不应该过大，否则，属于不正常现象，容易产生一些不明原因的占用。因此，经营者应深入了解情况，及时发现问题，找出原因，采取措施。

7. 预付账款

预付账款是指企业按照购货合同规定预付给供应单位的款项。预付账款体现的也是一种普通的商业信用和资金的无偿占用，其与应收账款的不同之处在于：应收账款是由销售或提供劳务所产生的债权，将来能回收货币资金；而预付账款则是由购货产生，将来回收货物，即是外单位占用本企业的资金，因此，预付账款越少越好。对企业而言，过多的预付账款反映企业的理财存在一定的问题。

8. 存货

存货是指企业期末在库、再途和在加工中的各项存货的实际成本，包括原材料、包装物、半成品、产成品等，历来是管理的重点内容。由于存货占资金的总额比例可能较大，其变现速度直接影响企业整个资产的流动性的强弱。存货的变现情况受到市场的影响较大，积压或者脱销都能直接影响企业的经营成果。存货经常处于销售、重置、耗用中，其发出的计价直接影响企业资产与损益的真实性，一些企业会利用计价方法的改变调节利润，可能使企业的利润虚增。

企业的存货类别较多，每种类别的存货对于企业的盈利能力以及自身的周转情况都不相同。对于生产销售多种产品的企业，分析人员应当仔细判断每种产成品的市场状况和盈利能力，每种产品对外界环境变化的敏感程度，哪种产品是企业主要的利润来源，企业是否将较多的资源配置在日后有发展潜力的产品上等；再有分析企业产品是否在同一产业链上，具有上下游的关系，这种关系能否增加企业存货的销售，降低存货的成本。如果企业存货中的原材料较多，应观察这种情况是企业的正常安排，还是因为预计原材料即将涨价而做的临时储备。如果企业内部产成品构成单一，则可能面临较大的价格风险，但是如果企业在市场上具有垄断性地位，可以控制市场的定价权，则这种价格风险相对不大。

三、非流动资产

非流动资产是指流动资产以外的资产，主要包括以下内容，如图2-9所示。

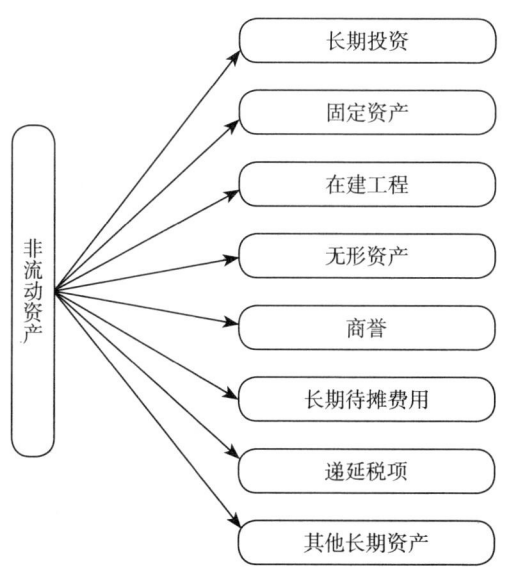

图2-9 非流动资产的内容

1. 长期投资

长期投资是指短期投资以外的投资，包括持有时间准备超过一年的各种股权性质的投资、不能变现或不准备随时变现的债券和其他债权投资。长期投资是企业对外投资的一种形式，是相对于短期投资而言的。从外观来看，企业的有价证券一般分不出长期或短期，只是根据投资目的不同来确认，并据此分别通过长期股权投资、债权投资、其他债权投资等科目进行核算。长期投资的目的主要是从企业的长期发展战略上考虑，可能为控制或影响其他企业（如长期股权投资），也可能是为获取稳定的利息收入（如长期债权投资）。对于企业来说，进行长期投资意味着企业的一部分资金特别是现金投出后可能在很长的时间内无法收回，如果企业的资金不是十分充裕，或者缺乏足够的筹集和调度资金的能力，那么长期投资将会使企业长期处于资金紧张的状态，甚至陷入困境。另外，由于长期投资时期长，投资期间难以预料的因素很多，因而风险较大，一旦失败，将会给企业带来重大的、长期的损失。与风险相对应的，长期股权投资带来的利润也较高。分析人员需要对此科目进行深入分析与判断。

2. 固定资产

固定资产是指企业使用期限超过1年的房屋、建筑物、机器、机械、运输工具以及其他与生产、经营有关的设备、器具、工具等。不属于生产经营主要设备的物品，单位价值在2 000元以上，并且使用年限超过2年的，也应当作为固定资产。固定资产是企业的劳动手段，也是企业赖以生产经营的主要资产。固定资产分析中，主要关注固定资产的折旧，因为固定资产折旧方式的不同，将直接影响公司的盈利。固定资产折旧的方法很多，有直线法、工作量法、加速折旧法等。固定资产折旧方法的选用直接影响公司成本、费用的计算，也影响到公司的收入和纳税。作为投资者在分析公司固定资产时，一要看固定资产采用什么样的折旧法。加速折旧法能较快收回公司的投资，减少固定资产的无形损耗，但这种方法增加了公司成本、费用的支出，一定程度上减少了同期的上市公司利润和税收支出。二要看固定资产使用年限的确定是否合理，有时由于公司经营不善，导致利润减少。如果人为延长固定资产折旧年限，就意味减少了每期的折旧额，从而减少了成本费用的支出，使得公司盈利出现虚增。另外，企业至少在期末或者每年年度终了时，对固定资产逐项进行检查，确定固定资产是否有减值迹象，当其可回收金额低于账面价值的余额，应对固定资产计提减值准备。

3. 在建工程

在建工程是指正在建设尚未竣工投入使用的建设项目。在建工程占用的资金属于长期资金，但是在投入前却属于流动资金，如果工程管理出现问题，会使大量的流动资金沉淀，甚至造成企业流动资金周转困难。因此，企业在增加在建工程项目时需要考虑以下的因素：资金来源是否充足；建设项目的预期收益率及风险程度；企业的经营环境或市场前景是否看好。同时，分析该项目时，应深入了解工程的管理，及时发现存在的问题，加快工程资金周转速度。

4. 无形资产

无形资产是指企业拥有或者控制的没有实物形态的可辨认非货币性资产。无形资产在确认与摊销时容易被拿来操纵利润，虚增资产等，因此，分析人员应在分析时加强关注其变化趋势。

5. 商誉

商誉是指企业在购买另一个企业时，购买成本大于被购买企业可辨认净资产公允价值的差额。商誉的出现在企业合并中，对于非同一控制下的吸收合并，企业合并成本大于合并中取得的被购买方可辨认净资产公允价值份额的差额，应确认为商誉，在合并方的资产负债表上列示；对于非同一控制下的控股合并，企业合并成本大于合并中取得的被购买方可辨认净资产公允价值份额的差额在合并方的个别资产负债表上不确认为商誉，而在合并报表中列示为商誉。对于企业报表上列示的商誉，财务分析人员应当仔细分析企业合并时的出价是否合理，对于被合并企业的可辨认净资产公允价值的确认是否恰当，以及商誉价值在未来的可持续性，判断商誉减值准备是否充分等。

6. 长期待摊费用

长期待摊费用是指企业已经支出，但摊销期限在1年以上的各项费用。长期待摊费用不能全部记入当年损益，应当在以后年度内分期摊销，具体包括开办费、固定资产修理支出、租入固定资产的改良支出及摊销期限在1年以上的其他待摊费用。

7. 递延税项

递延税款是指由于税法与会计制度在确认收益、费用或损失时的时间不同而产生的会计利润与应税所得之间的时间性差异。

8. 其他长期资产

其他长期资产是指由于某种特殊原因企业不能自由支配的资产，其内容主要包括：①特准储备物资，是指具有专门用途，但不参加企业生产经营的，经国家特批储备的特种物资，如国家为应付自然灾害和意外事故等所限定的特殊用途物资；②银行冻结存款和冻结物资。这些企业资产虽仍属于企业所有，但由于某种原因被司法机关依法冻结，并且在解除前无法提取、支用或者处置、转移。

第三节 负债项目解读

一、负债的定义

负债是指企业过去的交易或者事项形成的，预期会导致经济利益流出企业的现时义务。根据负债的定义，负债具有以下几个方面的特征，如图2-10所示。

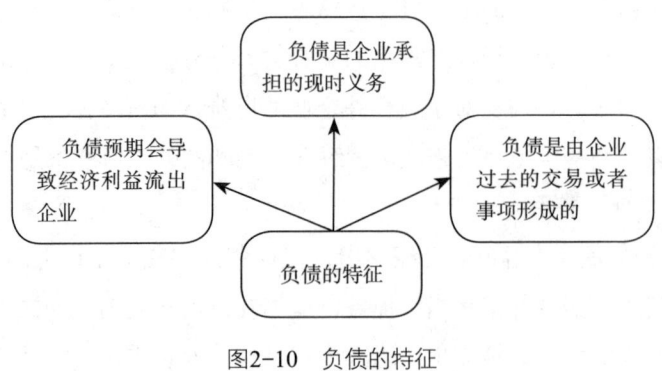

图2-10 负债的特征

二、流动负债

流动负债是指将在 1 年（含 1 年）或者超过 1 年的一个营业周期内清偿的债务，或者自资产负债表日起一年内应予以清偿的债务，以及企业无权自主地将清偿推迟至资产负债表日后一年以上的债务，这部分的负债在全部负债中的比重越高，企业当前的还债压力就越大，理财和经营的风险就越大。因此，在一个理想的负债结构中，流动负债的比重应为较低水平。流动负债主要包括以下内容：

1. 短期借款

短期借款是指企业向银行或其他金融机构等外单位借入的、还款期限在一年或一年以下的各种借款。在企业自有资金不足的情况下，企业可以向银行等金融机构举借一定数量的短期借款，以保证生产经营对资金的短期需要。由于短期借款期限较短，企业经营者应在举债时充分测算借款到期时的现金流量，保证有足够的资金偿还本息。另外，分析人员应对会计期末短期借款的余额及期初相比短期借款的变动情况进行研究，分析其中有无不正常之处，预测企业未来的现金流量，评价企业的短期偿债能力。

2. 应付票据

应付票据是指企业在商品购销活动和对工程价款进行结算时因采用商业汇票结算方式而发生的，由出票人出票，委托付款人在指定日期无条件支付确定的金额给收款人或者票据的持票人，它包括商业承兑汇票和银行承兑汇票。应付票据按是否带息分为带息应付票据和不带息应付票据两种。企业的应付票据如果到期不能支付，不仅会影响企业的信誉和以后的资金筹集，而且会招致银行的处罚。因此在进行报表分析时，应当认真分析企业的应付票据，了解应付票据的到期情况，预测企业未来的现金流量，保证按期偿付。应付票据的流动性要强于应付账款，因此，对企业而言其风险和压力均要高于应付账款。

3. 应付账款

应付账款是企业应支付但尚未支付的手续费和佣金，用以核算企业因购买材料、商品和接受劳务供应等经营活动应支付的款项。对企业来说，应付账款属于企业的短期资金来源，一般都在30～60天，而且不用支付利息，有的供货单位为刺激客户及时付款而规定了现金折扣。现金折扣是指企业为了鼓励客户在一定期限内早日偿还货款而给予客户的折扣优惠。现金折扣一般表示为"2/10，1/20，n/30"等。2/10表示如果客户在10天内偿付货款，给予2%的折扣；1/20表示如果客户在20天内偿付货款，给予1%的折扣；n/30表示如果客户在30天内付款，则无折扣。现金折扣使得企业应收账款的实收数额，随着客户付款的时间不同而有所差异。应付账款应按规定的期限偿付，如果不按期偿付，不仅不能享受现金折扣优惠，而且会严重影响企业的信誉，使企业无法在以后充分利用这种资金来源，影响企业未来的发展。

4. 预收账款

预收账款科目核算企业按照合同规定或交易双方之约定，而向购买单位或接受劳务的单位在未发出商品或提供劳务时预收的款项。对企业来说，预收账款总是越多越好，因为预收账款作为企业的一项短期资金来源，在企业发送商品或提供劳务前，可以无偿使用；在企业发送商品和提供劳务后立即转为企业的收入。但除了某些特殊的行业或者企业外，进行报表分析时，应当对预收账款引起足够的重视，因为预收账款一般是按照收入的一定比例预交的，通过预收账款的变化可以预测企业未来营业收入的变动。

5. 应付职工薪酬

应付职工薪酬是指企业为获得职工提供的服务而应付给职工的各种形式的报酬以及其他相关支出。分析人员应当注意企业是否存在少计负债的问题，以及是否利用应付职工薪酬来调节利润，这需要关注以下几点：第一，企业是否将提供给职工的货币与非货币性福利全部记入了应付职工薪酬，是否存在少记、漏记的情况；第二，辞退福利是或有负债，应检查记入应付职工薪酬的部分是否符合确认的条件，企业对其数据的估计是否合理准确；第三，现金结算的股份支付是否按照权益工具的公允价值计量，企业在可行权日后的每个资产负债表日以及结算日，是否对应付职工薪酬的公允价值重新计量。如果是在正常期限内发生，则不体现企业的资金和信誉状况。一个有信誉且资金不短缺的企业，一般是不会长期拖欠员工工资的。否则，如果企业有拖欠工资的情况，一般是企业出现了资金短缺的情况。

6. 应交税费

应交税费反映企业应交而未交的各种税费，包括应交增值税、消费税、所得税等。足额缴纳税金是每个企业应尽的法定义务。

7. 其他应付款

其他应付款是指企业应付、暂收其他单位和个人的款项，如应付经营租入固定资产和包装物租金；应付、暂收所属单位、个人的款项等。

三、长期负债

与流动负债相比，长期负债的风险和压力较小。在负债结构方面，企业应力求长期化和多元化，主要包括：

1. 长期借款

长期借款是指企业向银行或其他金融机构借入的期限在1年以上（不含1年）或超过1年的一个营业周期以上的的各项借款。长期借款期限长，利率高，而且是固定的，主要适用于长期资产资金的需要。它可以1次还本付息，也可以分次还本付息。

2. 应付债券

应付债券是指企业为筹集长期资金而实际发行的债券及应付的利息，它是企业筹集长期资金的一种重要方式。其突出的优点是筹资对象广，市场大。但这种融资方式成本高、风险大、筹资时间长，且限制条件多。相对于长期借款，应付债券的风险和压力更大。因为债券是面向全社会发行的，到期如果不能偿还本息，社会影响较大，所以迫于社会压力，企业偿还债券本息的积极性一般要高于偿还银行长期借款本息的积极性。因此，在进行报表分析时，应对应付债券的金额、增减变动及其对财务状况的影响予以足够关注。

3. 长期应付款

长期应付款包括融资租入固定资产应付款、采用补偿贸易方式引进国外设备的应付引进设备款等。与其他长期负债融资方式相比，长期应付款作为商业信用，具有使用灵活、约束性较小、筹资成本相对较低，以及给企业带来的财务压力和风险较小等优点。在进行报表分析时，应对长期应付款的数额、增减变动及其对企业财务状况的影响给予足够的关注。

第四节　所有者权益项目解读

所有者权益是指企业资产扣除负债后，由所有者享有的剩余权益。公司的所有者权益又称为股东权益或者净资产。所有者权益是所有者对企业资产的剩余索取权，它是企业资产中扣除债权人权益后应由所有者享有的部分，既可反映所有者投入资本的保值增值情况，又体现了保护债权人权益的理念。

所有者权益的来源包括所有者投入的资本、直接记入所有者权益的利得和损失、留存收益等，通常由股本（或实收资本）、其他权益工具、资本公积（含股本溢价或资本溢价、其他资本公积）、其他综合收益、盈余公积和未分配利润构成。商业银行等金融企业在税后利润中提取的一般风险准备，也构成所有者权益。

1. 实收资本

实收资本是指企业投资者按照企业章程或合同、协议的约定，实际投入企业的资本。除非企业出现增资或者减资的情况，否则实收资本在企业正常经营期间一般不发生变动。实收资本的变动将会影响企业原有投资者对企业的所有权和控制权，而且对企业的偿债能力、获利能力都会有很大的影响。

2. 其他权益工具

其他权益工具是指资产负债表日企业发行在外的除普通股以外分类为权益工具的金融工具的期末账面价值，并下设"优先股"和"永续债"两个项目，分别反映企业发行的分类为权益工具的优先股和永续债的账面价值。

3. 资本公积

资本公积是指企业收到投资者出资额超出其在注册资本（或股本）中所占份额的部分，以及其他资本公积等。资本公积包括资本溢价（或股本溢价）和其他资本公积等。

形成资本溢价（或股本溢价）的原因有溢价发行股票、投资者超额缴入资本等。

其他资本公积是指除资本溢价（或股本溢价）、净损益、其他综合收益和利润分配以外所有者权益的其他变动。比如，企业的长期股权投资采用权益法核算时，因被投资单位除净损益、其他综合收益以及利润分配以外的所有者权益的其他变动（主要包括被投资单位接受其他股东的资本性投入、被投资单位发行可分离交易的可转债中包含的权益成分、以权益结算的股份支付、其他股东对被投资单位增资导致投资方持股比例变动等），投资企业按应享有份额而增加或减少的资本公积，直接记入投资方所有者权益（资本公积——其他资本公积）。

根据国家有关规定企业实行股权激励的，如果在等待期内取消了授予的权益工具，企业应在进行权益工具加速行权处理时，将剩余等待期内应确认的金额记入当期损益，并同时确认资本公积（其他资本公积）。企业集团（由母公司和其全部子公司构成）内发生的股份支付交易，如结算企业为接受服务企业的投资者，应当按照授予日权益工具的公允价值或应承担负债的公允价值确认为对接受服务企业的长期股权投资，同时确认资本公积（其他资本公积）或负债。

资本公积的核算包括资本溢价（或股本溢价）的核算、其他资本公积的核算和资本公积转增资本的核算等内容。

案例分析

A有限责任公司由甲、乙两位投资者共同投资200 000元设立，每人各出资一半。1年后，为扩大经营规模，经批准，A有限责任公司注册资本增加到300 000元，并引入丙投资者加入。按照投资协议，丙投资者需缴纳120 000元，才能享有公司三分之一的股份。假定A有限责任公司如期收到丙投资者的资金120 000元。由于丙投资者多付出20 000元，才取得与原投资者相同的出资比例，多缴的部分就形成了公司的资本公积。

另外，捐赠人对企业进行捐赠，由于捐赠人并未对企业的资产提出要求，企业也不会因其捐赠资产的行为而对捐赠人承担责任，因此，捐赠人不是企业的所有者，这种捐赠不会形成企业的实收资本，但会使企业的经济利益增加。在会计制度上，企业将接受捐赠的资产价值作为"资本公积"处理。

4. 其他综合收益

其他综合收益是指企业根据其他会计准则规定未在当期损益中确认的各项利得和损失，包括以后会计期间不能重分类进损益的其他综合收益和以后会计期间满足规定条件时将重分类进损益的其他综合收益两类。

5. 盈余公积

盈余公积是指企业按照规定从净利润中提取的各种积累资金。公司制企业的盈余公积分为法定盈余公积和任意盈余公积。两者的区别就在于其各自计提的依据不同。前者以国家的法律或行政规章为依据提取；后者则由企业自行决定提取。

6. 未分配利润

未分配利润是企业留待以后年度进行分配的结存利润，也是企业所有者权益的组成部分。相对于所有者权益的其他部分来讲，企业对于未分配利润的使用分配有较大的自主权。从数量上来讲，未分配利润是期初未分配利润，加上本期实现的净利润，减去提取的各种盈余公积和分出利润后的余额。

案例分析

外国投资者 A 在我国某城市找到 B 企业，双方商定，由 A 和 B 共同出资 500 万美元，引进全套生产流水线，兴建一个合资企业。B 出资 150 万美元，A 出资 350 万美元。合资企业生产的产品将冠以外国某品牌并全部用于出口。B 为了表示对此项合作的诚意，决定将自己现有的已经拥有十多年历史的生产类似产品（全部用于国内销售）的 C 企业，无偿赠送给未来的合资企业。

A 方的财务顾问在得知 B 企业的赠送信息后认为，必须对 C 企业的财务状况进行审查。C 企业的财务报表显示：资产总额 1 亿元，其中，应收账款 4 000 万元，估计回收率 50%；负债为 1.3 亿元，所有者权益为 -0.3 亿元。

A 方财务顾问认为：C 企业已经处于资不抵债状态。如果再考虑应收账款回收带来的坏账损失 2 000 万元，C 企业的所有者权益，即净资产为 -0.5 亿元。如果合资企业接受 C 企业，C 企业有关的负债与权益将全部转入，即使 C 企业再投入 5 000 万元，其对合资企业的贡献也只有零。因此，A 方决定不接受这种"赠送"。

在得知 A 方财务顾问的意见后，B 企业负责人认为 C 企业有 5 方面的增值因素：一是企业的品牌在当地有一定的声望，具有无形资产的性质；二是企业有自己的销售网络；三是企业有自己的管理模式；四是企业有与现有生产线相关的技术；五是企业的房屋、建筑物和土地等资产，其价值将高于现有的账面价值。

A 方财务顾问认为：在上述提到的增值因素中，只有房屋、建筑物和土地等资产对合资企业具有真正增值作用，其他因素不可能为合资企业作出贡献，因此，其就不可能在合资企业中"享受资产的待遇"。

经过仔细分析，我们会发现 A 方财务顾问的认识完全正确。C 企业的销售网络已经给企业造成 50% 应收账款的损失，而它正是 C 企业资不抵债的重要推动因素。管理模式的的价值，主要体现在企业的活动是否顺畅、是否具有应有的效益、是否与实现企业的目标保持一致上，然而，C 企业在经营十多年后，这种模式仍使企业处于资不抵债的状态，显然，这是一种不成功的管理模式。C 企业在当地有一定的品牌影响力，但由于合资企业产品全部远销国外，这种所谓的"无形资产"不能给合资企业带来经济价值。至于有与现有企业生产线相关的技术因素，但因合资企业决定引进全套生产流水线，C 企业相关的生产线不可能为合资企业做出贡献。

资产的价值具有相对性。一项经济资源对某个企业在未来有利用价值，可被确认为资产。如果该经济资源对另外一个企业在未来没有利用价值时，则不能被确认为资产。

正所谓："天上掉馅饼，不可随意捡。"

第五节　资产负债总体分析

资产负债表需要整体上阅读，把握企业的财务结构。

资产总额是反映企业规模和财务状况的重要指标，根据年初数与年末数的变化，可以了解企业规模是扩张还是缩小。充足的资产不仅仅是自身经营活动的物质基础，也是企业筹集资金的重要保证。负债总额可以反映企业所面临的财务风险的大小。信息使用者可以着重分析负债项目变化幅度较大的科目，分析其形成的原因及对企业的影响。值得注意的是，负债的增加并不意味着企业业绩的下滑，相反地，有时负债的增加是为了更好地满足经营的需要。企业在高速发展时期往往需要大量的资金，通过举债，企业不仅可以筹集到成本较低的资金，更可以防止控制权旁落。一般而言，所有者权益的增加可以反映企业经营成果的优劣，但要关注净资产的增加是否主要来源于留存收益。

一、资产结构分析

资产结构是指企业进行投资中各种资产的构成比例，主要是指固定投资和证券投资及流动资金投放的比例。一些企业存在流动资金不足的问题，其中一个很重要的原因就是没有处理好固定资金和流动资金投入的比例。从盈利性来看，基于流动资产和固定资产盈利能力上的差别，如果企业净营运资金越少，意味着企业以较大份额资金运用到盈利能力较高的固定资产上，从而使整体盈利水平上升；但从风险性看，企业的营运资金越少，意味着流动资产和流动负债的差额越小，则到期无力偿债的危险性也越大。在实际工作中，如过多的资金投入到前期的固定资产上，极有可能引出流动资金紧张，无力进货，拖欠职工工资等恶果。资产结构管理的重点，在于确定一个既能维持企业正常开展经营活动，又能在减少或不增加风险的前提下，给企业带来更多利润的流动资金水平。

二、资产结构的类型

企业在进行资产结构决策时，往往关注资产的流动性问题，特别是流动资产占总资产的比重。根据这个比重的大小，可以将企业的资产结构分为三种类型，如图 2-11 所示。

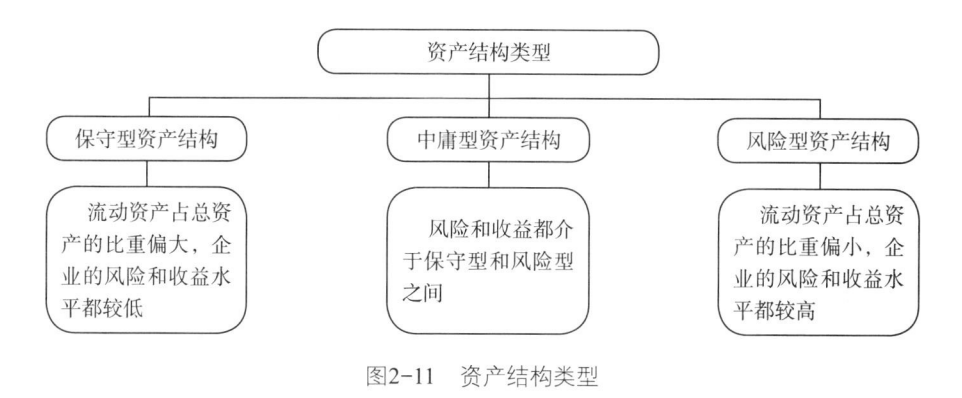

```
                        资产结构类型
          ┌─────────────────┼─────────────────┐
   保守型资产结构        中庸型资产结构        风险型资产结构
   流动资产占总资      风险和收益都介       流动资产占总资
   产的比重偏大，企    于保守型和风险型     产的比重偏小，企
   业的风险和收益水    之间                 业的风险和收益水
   平都较低                                 平都较高
```

图2-11 资产结构类型

三、资产结构的影响因素

企业的资产结构主要受以下因素的影响，如图 2-12 所示。

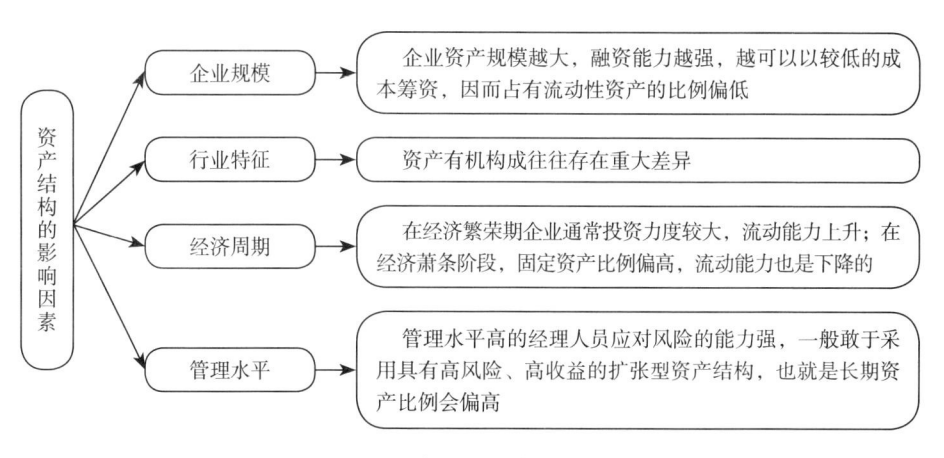

```
              ┌─ 企业规模 → 企业资产规模越大，融资能力越强，越可以以较低的成
              │             本筹资，因而占有流动性资产的比例偏低
  资产        │
  结构        ├─ 行业特征 → 资产有机构成往往存在重大差异
  的          │
  影响        ├─ 经济周期 → 在经济繁荣期企业通常投资力度较大，流动能力上升；在
  因素        │             经济萧条阶段，固定资产比例偏高，流动能力也是下降的
              │
              └─ 管理水平 → 管理水平高的经理人员应对风险的能力强，一般敢于采
                            用具有高风险、高收益的扩张型资产结构，也就是长期资
                            产比例会偏高
```

图2-12 资产结构的影响因素

将负债与资产总额相比较，可以计算出企业的资产负债率。资产负债率过高，往往企业面临的财务风险会更大。但是资产负债率并不是越低越好，股东都希望"用别人的钱赚自己的钱"，通过借债，在企业盈利的情况下，

使股东的收益更大。因此,在评判企业的负债比例是否合理时,需要综合考虑行业环境、公司本身的经营特点、战略等因素,不能单纯地通过一个比例判定企业的资产负债率是过高或者过低。

另外,资产负债表本身可以提供的信息有限,而其下方的补充资料(附注)是企业对于其项目的更详细的披露说明,在分析时需要利用这些信息。在后面的章节我们会对附注有更详细的解释说明。

第六节　资产负债表的局限性

资产负债表固然有十分重要的作用,但是其局限性也不能视而不见。一味迷信反而会走向反面,贻误决策。资产负债表的局限性主要有以下五点,如图2-13所示。

资产负债表的局限性:

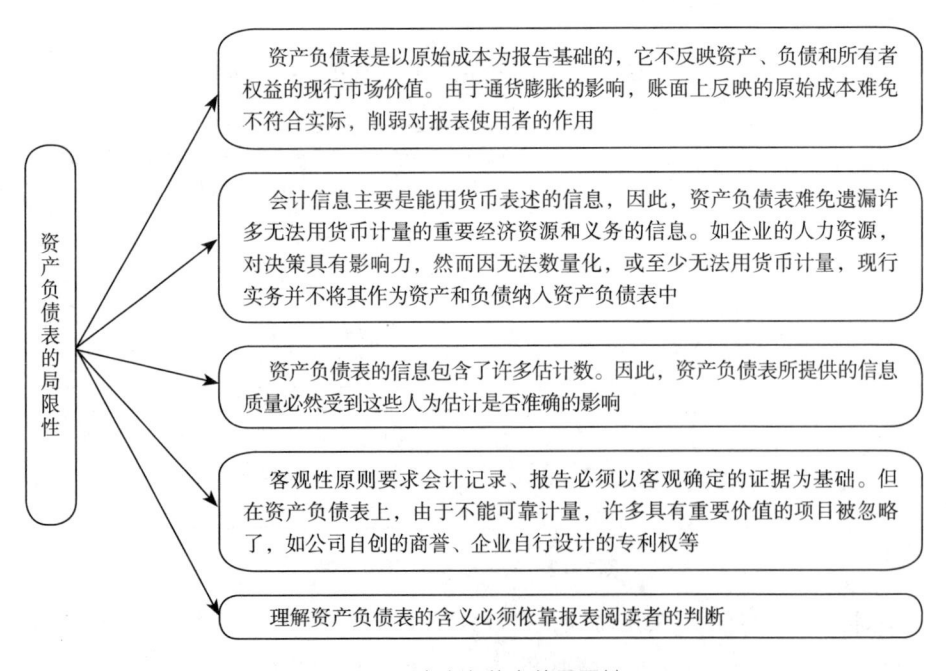

- 资产负债表是以原始成本为报告基础的,它不反映资产、负债和所有者权益的现行市场价值。由于通货膨胀的影响,账面上反映的原始成本难免不符合实际,削弱对报表使用者的作用
- 会计信息主要是能用货币表述的信息,因此,资产负债表难免遗漏许多无法用货币计量的重要经济资源和义务的信息。如企业的人力资源,对决策具有影响力,然而因无法数量化,或至少无法用货币计量,现行实务并不将其作为资产和负债纳入资产负债表中
- 资产负债表的信息包含了许多估计数。因此,资产负债表所提供的信息质量必然受到这些人为估计是否准确的影响
- 客观性原则要求会计记录、报告必须以客观确定的证据为基础。但在资产负债表上,由于不能可靠计量,许多具有重要价值的项目被忽略了,如公司自创的商誉、企业自行设计的专利权等
- 理解资产负债表的含义必须依靠报表阅读者的判断

图2-13　资产负债表的局限性

第三章
获利是一种生存力
——利润表的解读与分析

财务管理的目标是什么？目前存在的比较普遍的观点是：

企业利润最大化？

股东价值最大化？

企业价值最大化？

其实上述观点都是与利润密不可分的，只不过不同点在于在关注利润的同时是否要兼顾其他方面。可见，利润对企业来说是多么重要。因为有了利润企业才能生存、投资者才能有回报、员工的生活才能有保障、政府才能有税收收入……

企业的利润通过财务报表中的利润表表现出来，反映企业一定时期的经营成果。利润表中营业利润、营业外利润对于报表使用者传达的信息是不一样的，因为存在是否能够持续的差异。通过本章的学习，您将能够更好地分析解读利润表，而并非只关注净利润的数据大小。

第一节 利润表概述

一、利润表的含义

利润表，或称损益表，是集中反映上市公司一定时期生产经营成果的会计报表。它是把一定期间的营业收入与同一时期的营业成本及费用进行配比，计算出一定时期的净利润。利润表是一张动态的财务报表。

利润表的列报必须充分反映企业经营业绩的主要来源和构成，有助于使用者判断净利润的质量及其风险，有助于使用者预测净利润的持续性，从而作出正确的决策。通过利润表，可以反映企业一定会计期间的收入实现情况，如实现的营业收入有多少、实现的投资收益有多少、实现的营业外收入有多少等；可以反映一定会计期间的费用耗费情况，如耗费的营业成本、各种税费、销售费用、管理费用、财务费用、营业外支出等；可以反映企业生产经营活动的成果，即净利润的实现情况，据以判断资本保值、增值情况。

二、利润表的格式

利润表作为一个反映企业经营成果的会计报表，必须包括影响某一会计期间的所有损益内容，既要包括来自生产经营方面已实现的各项收入、已耗费需要在本期配比的各项成本、费用，也要包括本期发生的各项营业外收支。利润表的格式有多步式和单步式两种。

单步式利润表不按企业利润的构成内容编制，而是将本期所有收入加在一起，然后再将所有费用加在一起，两者相减通过一次计算得出当期损益。

多步式利润表是按照企业利润的构成内容分层次、分步骤地逐步、逐项计算编制而成的报表。它根据经营活动的主次和经营与非经营活动对企业利润的贡献情况排列编制。我国企业一般采用多步式格式的利润表。其列报方法如下：

1. 利润表"本期金额"栏和"上期金额"栏的列报方法

本表"本期金额"栏一般应根据损益类科目和所有者权益类有关科目的发生额填列。

（1）"营业收入""营业成本""税金及附加""销售费用""管理费用""财务费用""其他收益""投资收益""净敞口套期收益""公允价值变动收益""信用减值损失""资产减值损失""资产处置收益""营业外收入""营业外支出""所得税费用"等项目，应根据有关损益类科目的发生额分析填列。

（2）"研发费用"项目，应根据"管理费用"科目下的"研发费用"明细科目的发生额，以及"管理费用"科目下的"无形资产摊销"明细科目的发生额分析填列。

（3）"其中：利息费用"和"利息收入"项目，应根据"财务费用"科目所属的相关明细科目的发生额分析填列，且这两个项目作为"财务费用"项目的其中项以正数填列。

（4）"其中：对联营企业和合营企业的投资收益"和"以摊余成本计量的金融资产终止确认收益"项目，应根据"投资收益"科目所属的相关明细科目的发生额分析填列。

（5）"其他综合收益的税后净额"项目及其各组成部分，应根据"其他综合收益"科目及其所属明细科目的本期发生额分析填列。

（6）"营业利润""利润总额""净利润""综合收益总额"项目，应根据本表中相关项目计算填列。

（7）"（一）持续经营净利润"和"（二）终止经营净利润"项目，应根据《企业会计准则第42号——持有待售的非流动资产、处置组和终止经营》的相关规定分别填列。

利润表中的"上期金额"栏应根据上年该期利润表"本期金额"栏内所列数字填列。如果上年该期利润表规定的各个项目的名称和内容同本期不一致，应对上年该期利润表各项目的名称和数字按本期的规定进行调整，填入利润表"上期金额"栏内。

2.利润表可以生成的经济指标

利用利润表本期和上期净利润可以计算生成净利润增长率，反映企业获利能力的增长情况和长期的盈利能力趋势；利用净利润和营业收入可以计算生成销售利润率，反映企业经营的获利能力；利用净利润、营业成本、销售费用、管理费用和财务费用可以计算生成成本费用利润率，反映企业投入产出情况。

利用本表数据与其他报表或有关资料，可以生成反映企业投资回报等有关情况的指标。比如，利用净利润和净资产可以计算净资产收益率，利用普通股每股市价与每股收益可以计算出市盈率等。

3.关于"基本每股收益"和"稀释每股收益"指标

上述两个指标是向资本市场广大投资者反映上市公司（公众公司）每一股普通股所创造的收益水平。对资本市场广大投资者（股民）而言，是反映投资价值的重要指标，是投资决策最直观最重要的参考依据，是广大投资者关注的重点。鉴于此，将这两项指标作为利润表的表内项目列示，同时要求在附注中详细披露计算过程，以供投资者投资决策参考。这两项指标应当按照《企业会计准则第34号——每股收益》规定计算填列。

利润表的格式如表3-1所示。

表3-1 利润表

会企02表

编制单位： ____年__月__日 单位：元

项目	本期金额	上期金额
一、营业收入		
减：营业成本		
税金及附加		
销售费用		
管理费用		
研发费用		

续表

项目	本期金额	上期金额
财务费用		
其中：利息费用		
利息收入		
资产减值损失		
加：其他收益		
投资收益（损失以"—"号填列）		
其中：对联营企业和合营企业的投资收益		
公允价值变动收益（损失以"—"号填列）		
资产处置收益（损失以"—"号填列）		
二、营业利润（亏损以"—"号填列）		
加：营业外收入		
减：营业外支出		
三、利润总额（亏损总额以"—"号填列）		
减：所得税费用		
四、净利润（净亏损以"—"号填列）		
（一）持续经营净利润（净亏损以"—"号填列）		
（二）终止经营净利润（净亏损以"—"号填列）		
五、其他综合收益的税后净额		
（一）不能重分类进损益的其他综合收益		
1. 重新计量设定受益计划变动额		
2. 权益法下不能转损益的其他综合收益		
……		

续表

项目	本期金额	上期金额
（二）将重分类进损益的其他综合收益		
1. 权益法下可转损益的其他综合收益		
2. 可供出售金融资产公允价值变动损益		
3. 持有至到期投资重分类为可供出售金融资产损益		
4. 现金流量套期损益的有效部分		
5. 外币财务报表折算差额		
……		
六、综合收益总额		
七、每股收益：		
（一）基本每股收益		
（二）稀释每股收益		

三、利润表的作用

利润额的高低及其发展趋势，是企业生存与发展的关键，也是企业投资者及其利害关系人关注的焦点。因此，利润表的编制与披露对信息使用者是至关重要的。具体地说，利润表的作用主要表现在以下几个方面，如图3-1所示。

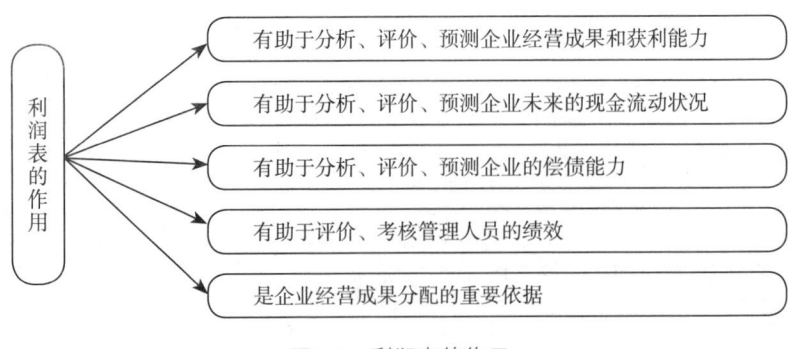

利润表的作用：
- 有助于分析、评价、预测企业经营成果和获利能力
- 有助于分析、评价、预测企业未来的现金流动状况
- 有助于分析、评价、预测企业的偿债能力
- 有助于评价、考核管理人员的绩效
- 是企业经营成果分配的重要依据

图3-1　利润表的作用

第二节 利润表的内容

利润表的构成要素主要包括收入、费用和利润三个部分。收入、费用和利润是反映企业经营成果的三个会计要素。

一、收入类项目

收入是指企业在日常活动中所形成的、会导致所有者权益增加的、与所有者投入资本无关的经济利益的总流入，包括销售商品收入、劳务收入、让渡资产使用权收入、利息收入、租金收入、股利收入等，但不包括为第三方或客户代收的款项。在市场经济条件下，企业只有不断地增加收入，扩大利润才能提高其生存与发展的能力。因此收入对企业来说也至关重要，一些著名的会计造假的公司如"安然""世通""银广夏"等，大都采用了虚增收入来制造利润的方式欺骗投资者。因此需要对收入进行详细地分析，了解其构成与变化，判断其中存在的问题。

企业应当在履行了合同中的履约义务，即在客户取得相关商品控制权时确认收入。取得相关商品控制权，是指客户能够主导该商品的使用并从中获得几乎全部经济利益，也包括有能力阻止其他方主导该商品的使用并从中获得经济利益。取得商品控制权包括三个要素：一是客户必须拥有现时权利，能够主导该商品的使用并从中获得几乎全部经济利益。如果客户只能在未来的某一期间主导该商品的使用并从中获益，则表明其尚未取得该商品的控制权。二是客户有能力主导该商品的使用，即客户在其活动中有权使用该商品，或者能够允许或阻止其他方使用该商品。三是客户能够获得商品几乎全部的经济利益。商品的经济利益是指商品的潜在现金流量，既包括现金流入的增加，也包括现金流出的减少。客户可以通过使用、消耗、出售、处置、交换、抵押或持有等多种方式直接或间接地获得商品的经济利益。

企业与客户之间的合同同时满足下列五项条件的，企业应当在客户取得相关商品控制权时确认收入，如图 3-2 所示。

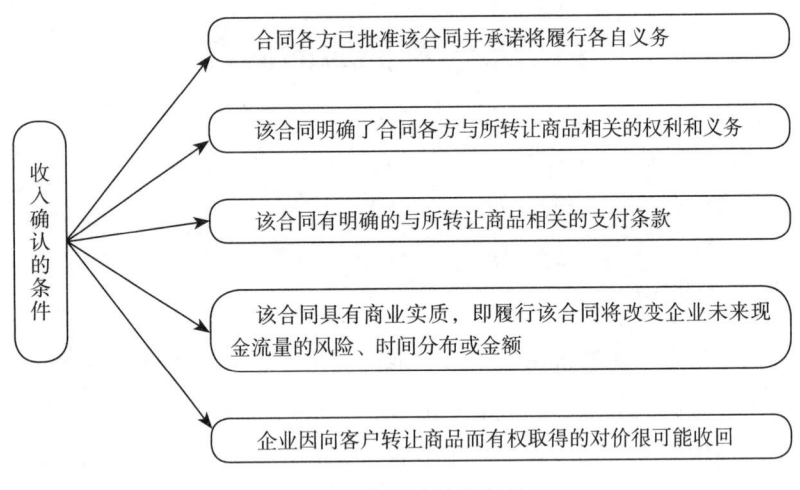

收入确认的条件：
- 合同各方已批准该合同并承诺将履行各自义务
- 该合同明确了合同各方与所转让商品相关的权利和义务
- 该合同有明确的与所转让商品相关的支付条款
- 该合同具有商业实质，即履行该合同将改变企业未来现金流量的风险、时间分布或金额
- 企业因向客户转让商品而有权取得的对价很可能收回

图3-2　收入确认的条件

1. 营业收入

营业收入是指企业在从事销售商品，提供劳务和让渡资产使用权等日常经营业务过程中所形成的经济利益的总流入，分为主营业务收入和其他业务收入。

（1）主营业务收入。主营业务收入是指企业从事某种主要生产、经营活动所取得的营业收入。主营业务收入是企业收入的最主要的来源，它稳定性好，数额也最大，直接体现了企业的竞争力与其市场占有情况；而企业的竞争力及市场占有率直接影响了企业未来的生存与发展。因此主营业务收入对企业来说是至关重要的。在进行分析的时候，要着重关注主营业务收入的品种构成及收入质量。

（2）其他业务收入。其他业务收入是指企业主营业务收入以外的所有通过销售商品、提供劳务收入及让渡资产使用权等日常活动中所形成的经济利益的流入，如材料物资及包装物销售、固定资产出租、包装物出租等。其他业务收入是企业从事除主营业务以外的其他业务活动所取得的收入，具有不经常发生，每笔业务金额一般较小、占收入的比重较低等特点。

2. 投资收益

投资收益是指企业在一定的会计期间对外投资所取得的回报。投资收益包括对外投资所分得的股利和收到的债券利息，以及投资到期收回或到期前转让债权所得款项高于账面价值的差额等。投资活动也可能遭受损失，如投资到期收回的或到期前转让所得款低于账面价值的差额，即为投资损失。随着企业握有的管理和运用资金权力的日益增大，资本市场的逐步完善，投资活动中获取收益或承担亏损，虽不是企业通过自身的生产或劳务供应活动所得，却是企业利润总额的重要组成部分，并且其比重发展呈越来越大的趋势。

案例分析

2007年10月，企业从证券市场购入H公司股票100万股，每股6元，该股票划入交易性金融资产。企业在持有H公司股票期间，H公司发放的现金股利属于投资收益。当出售H公司股票时，企业实际收到的款项与原股票入账金额之间的差额被确认为投资收益或投资损失。

3. 营业外收入

营业外收入指企业发生的与日常活动无直接关系的各项收入，如政府补助、盘盈利得、捐赠利得（企业接受股东或股东的子公司直接或间接的捐赠，经济实质属于股东对企业的资本性投入的除外）等。营业外收入并不是由企业经营资金耗费所产生的，不需要企业付出代价，实际上是一种纯收入，不可能也不需要与有关费用进行配比；营业外收入具有非常规性和偶发性的特点。营业外收入的稳定性较差，如果此部分收入对企业的净利润贡献过大，则说明企业的盈利结构出现了问题，增加了不稳定因素。

二、成本费用类项目

费用是指企业在日常活动中发生的、会导致所有者权益减少的、与向所有者分配利润无关的经济利益的总流出。费用有狭义和广义之分。广义的费用泛指企业各种日常活动发生的所有耗费，狭义的费用仅指与本期营业收入相配比的那部分耗费。费用的产生主要有以下几方面的原因：生产和销售产品；加工和提供劳务；提供他人使用本企业资产的损失等。费用的确认除了应当符合定义外，也应当满足严格的条件，即费用只有在经济利益很可能流出从而导致企业资产减少或者负债增加，且经济利益的流出额能够可靠计量时才能予以确认。因此，费用的确认至少应当符合以下条件，如图3-3所示。

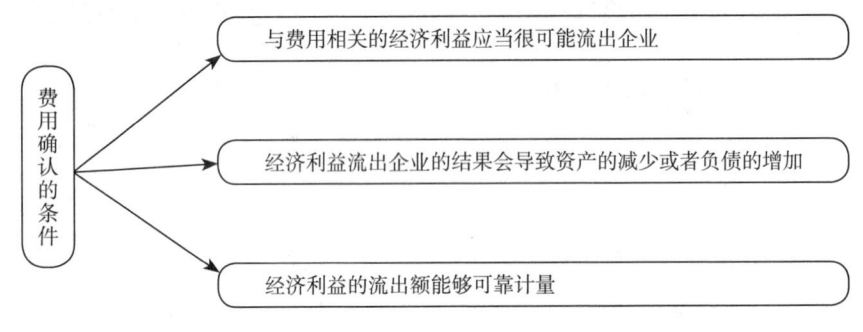

```
                ┌─ 与费用相关的经济利益应当很可能流出企业
费用确认的条件 ──┼─ 经济利益流出企业的结果会导致资产的减少或者负债的增加
                └─ 经济利益的流出额能够可靠计量
```

图3-3　费用确认的条件

　　成本是商品经济的价值范畴，是商品价值的组成部分。人们要进行生产经营活动或达到一定的目的，就必须耗费一定的资源（人力、物力和财力），其所费资源的货币表现及其对象化称之为成本。

　　随着商品经济的不断发展，成本概念的内涵和外延都处于不断的变化发展之中。它有以下几方面的含义：成本是构成商品价值的重要组成部分，是商品生产中生产要素耗费的货币表现；成本具有补偿的性质，是为了保证企业再生产而应从销售收入中得到补偿的价值；成本本质上是一种价值牺牲。它作为实现一定的目的而付出资源的价值牺牲，可以是多种资源的价值牺牲，也可以是某些方面的资源价值牺牲；甚至从更广的含义看，成本是为达到一种目的而放弃另一种目的所牺牲的经济价值，在经营决策中所用的机会成本就有这种含义。

　　成本与费用是两个相互联系又相互区别的概念。成本是按照一定的产品归集的费用，是对象化的费用；两者都是在生产过程中所产生的。两者的区别如图3-4所示。

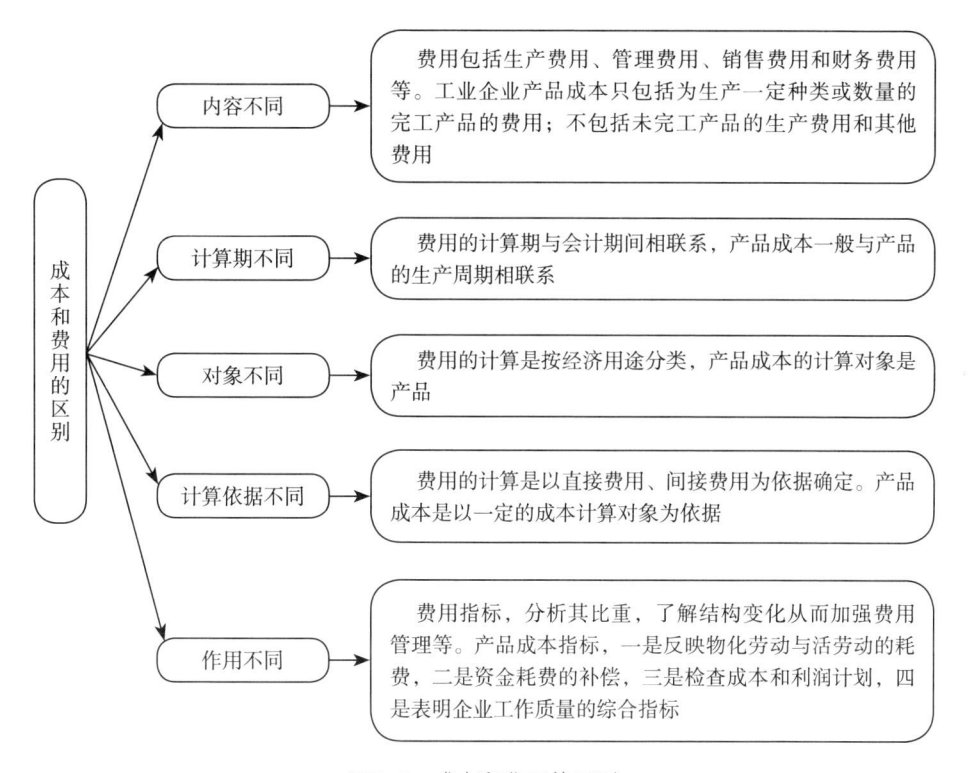

第三章 获利是一种生存力——利润表的解读与分析

```
                  ┌─ 内容不同 ──→ 费用包括生产费用、管理费用、销售费用和财务费用
                  │              等。工业企业产品成本只包括为生产一定种类或数量的
                  │              完工产品的费用；不包括未完工产品的生产费用和其他
                  │              费用
                  │
                  ├─ 计算期不同 ─→ 费用的计算期与会计期间相联系，产品成本一般与产品
成本               │               的生产周期相联系
和                 │
费用 ──────┤
的                 ├─ 对象不同 ──→ 费用的计算是按经济用途分类，产品成本的计算对象是
区                 │              产品
别                 │
                  ├─ 计算依据不同→ 费用的计算是以直接费用、间接费用为依据确定。产品
                  │              成本是以一定的成本计算对象为依据
                  │
                  └─ 作用不同 ──→ 费用指标，分析其比重，了解结构变化从而加强费用
                                 管理等。产品成本指标，一是反映物化劳动与活劳动的耗
                                 费，二是资金耗费的补偿，三是检查成本和利润计划，四
                                 是表明企业工作质量的综合指标
```

图3-4 成本和费用的区别

利润表中的成本费用类项目主要有：

1. 营业成本

营业成本是指企业所销售商品或者所提供劳务的成本。营业成本应当与所销售商品或者所提供劳务而取得的收入进行配比。营业成本又分为主营业务成本和其他业务成本，它们是与主营业务收入和其他业务收入相对应的一组概念。

（1）主营业务成本。主营业务成本是指企业因销售商品、提供劳务或者让渡资产使用权等日常活动而发生的实际成本。

（2）其他业务成本。其他业务成本是企业除主营业务活动以外的其他经营活动所发生的成本，主要包括销售材料成本、出租固定资产折旧额、出租无形资产摊销额、出租包装物成本或摊销额。

产品成本包括直接材料、直接人工和制造费用。在生产过程中，直接材料的价值一次全部转移到新生产的产品中去，构成了产品成本的重要组成部分。直接人工指在生产中对材料进行直接加工制成产品所耗用的工人的工资、奖金和各种津贴，以及按规定比例提取的福利费。制造费用指企业各生产单位为了组织和管理生产而发生的各项间接费用。制造费用是产品成本的重要组成部分。一般情况下，企业各年应采用相同的方法核算营业成本，以保证其分析时的可比性。

2. 税金及附加

税金及附加是指企业经营业务应负担的消费税、城镇维护建设税、教育费附加、资源税、土地增值税、房产税、车船税、城镇土地使用税、印花税等相关税费。

3. 销售费用

销售费用是指企业在销售产品、自制半成品和提供劳务等过程中发生的费用，包括由企业负担的包装费、运输费、广告费、装卸费、保险费、委托代销手续费、展览费、租赁费和销售服务费、销售部门人员工资、职工福利费、差旅费、办公费、折旧费、修理费、物料消耗、低值易耗品摊销以及其他经费等。在安全投资的经济分析中，销售费用是计算经济效益的基础数据。销售费用过高将会蚕食利润。利润最大化是企业追求的目标。然而，如果支出的增加大大快于受益的增加，将表现为销售费用对利润的无情蚕食。因此，在进行利润表的分析时应将企业的销售费用的增减变动和销售收入的变动结合起来，从长期来看，两者的变化应是方向相同，速度相近。当营业收入的增速超过了销售费用的增速时，销售费用显现了其必要性和一定的规模效应。

阅读销售费用项目时应注意以下两方面问题。

（1）销售费用与主营业务收入的配比。将配比结果与行业同指标相比，考察该费用的合理性。一般来说，随着主营业务收入的增长，销售费用随之有所增加，这属于正常现象。如销售费用的增长超过主营业务收入的增长，这属于失常现象。

（2）销售费用与长期待摊费用的配比。随着市场经济的不断发展，销售费用总额有上升之势。分析巨额广告费的摊销期，如摊销期过长，会减少当期费用，造成利润虚增。

> **案例分析**

某公司支付给某影视明星产品品牌代言广告费800万元，合同有效期4年。按4年合同期分摊，每年的广告费为200万元。如果按10年期分摊，则每年的广告费为80万元。

4. 管理费用

管理费用是指企业为组织和管理企业生产经营所发生的管理费用，包括企业在筹建期间发生的开办费、董事会和行政管理部门在企业的经营管理中发生的或者应由企业统一负担的公司经费（包括行政管理部门职工工资及福利费、物料消耗、低值易耗品摊销、办公费和差旅费等）、工会经费、董事会费（包括董事会成员津贴、会议费和差旅费等）、聘请中介机构费、咨询费（含顾问费）、诉讼费、业务招待费、房产税、车船使用税、土地使用税、印花税、技术转让费、矿产资源补偿费、研究费用、排污费以及企业生产车间（部门）和行政管理部门等发生的固定资产修理费用等。尽管有时可以降低管理费用，但是这种降低可能对企业的发展不利。因此，一般在企业业务发展的情况下，企业的管理费用的变动不会太大，单一追求管理费用的减少会对企业造成不利的影响。对管理费用的分析我们应结合资产总规模与销售水平进行。

5. 财务费用

财务费用指企业在生产经营过程中为筹集资金而发生的各项费用，包括企业生产经营期间发生的利息支出、汇兑净损失、金融机构手续费，以及筹资发生的其他财务费用如债券印刷费、国外借款担保费等。但在企业筹建期间发生的利息支出，应记入开办费；与购建固定资产或者无形资产有关的，在资产尚未交付使用或者虽已交付使用但尚未办理竣工决算之前的利息支出，记入购建资产的价值；清算期间发生的利息支出，记入清算损益。企业财务费用水平的高低，主要取决于三个因素：贷款规模、贷款利息和贷款期限。对财务费用中的利息支出应与使用资金产生的效益进行对比分析。

阅读财务费用时,应注意财务费用的赤字问题。通常而言,企业财务费用不会出现赤字现象。赤字现象的出现往往是在企业的存款利息收入大于贷款利息费用时发生的。如果赤字数额不大,则属于正常现象;如果赤字数额较大,则属于不正常现象。例如,深市一家上市公司某年度利润表的财务费用项目出现巨额赤字,通过解读报表附注发现,该公司将增资扩股吸收的大量资金长期存放在银行,没有按照招股说明书的预期方案使用资金,从而发生了巨额的银行存款利息收入,进而使财务费用项目出现巨额赤字。

6.营业外支出

营业外支出是指企业发生的与企业日常生产经营活动无直接关系的各项支出,包括非流动资产毁损报废损失、公益性捐赠支出、非常损失、盘亏损失等。需要注意的是,营业外收入和营业外支出应当分别核算。在具体核算时,不得以营业外支出直接冲减营业外收入,也不得以营业外收入冲减营业外支出。

三、利润

利润相关计算公式如下:

1.营业利润

营业利润 = 营业收入 − 营业成本 − 税金及附加 − 销售费用 − 管理费用 − 研发费用 − 财务费用 − 资产减值损失 + 其他收益 + 投资收益（−投资损失）+ 净敞口套期收益（−净敞口套期损失）+ 公允价值变动收益（−公允价值变动损失）+ 资产处置收益（−资产处置损失） (3-1)

其中,营业收入是指企业经营业务所实现的收入总额,包括主营业务收入和其他业务收入。营业成本是指企业经营业务所发生的实际成本总额,包括主营业务成本和其他业务成本。资产减值损失是指企业计提各项资产减值准备所形成的损失。公允价值变动收益（或损失）是指企业交易性金融资产等公允价值变动形成的应记入当期损益的利得（或损失）。投资收益（或损失）是指企业以各种方式对外投资所取得的收益（或发生的损失）。

2.利润总额

$$利润总额 = 营业利润 + 营业外收入 - 营业外支出 \quad (3-2)$$

其中，营业外收入（或支出）是指企业发生的与日常活动无直接关系的各项利得（或损失）。

3.净利润

$$净利润 = 利润总额 - 所得税费用 \quad (3-3)$$

其中，所得税费用是指企业确认的应从当期利润总额中扣除的所得税费用。

第三节 利润表总体分析

一、盈利能力分析

盈利能力是指企业获取利润的能力。利润是企业内外有关各方都关心的中心问题，利润是投资者取得投资收益、债权人收取本息的资金来源，是经营者经营业绩和管理效能的集中表现，也是职工集体福利设施不断完善的重要保障。因此，企业盈利能力分析十分重要。

盈利能力的大小是一个相对的概念，即利润相对于一定的资源投入、一定的收入而言。利润率越高，盈利能力越强；利润率越低，盈利能力越差。企业经营业绩的好坏最终可通过企业的盈利能力来反映。

对企业盈利能力的分析主要指对利润率的分析。因为尽管利润额的分析可以说明企业财务成果的增减变动状况及其原因，为改善企业经营管理指明了方向，但是，由于利润额受企业规模或投入总量的影响较大，一方面不便于不同规模的企业之间进行对比；另一方面它也不能准确地反映企业的盈利能力和盈利水平。因此，仅进行利润额分析一般不能满足各方面对财务信息的要求，还必须对利润率进行分析。

常用的利润率指标如图 3-5 所示。

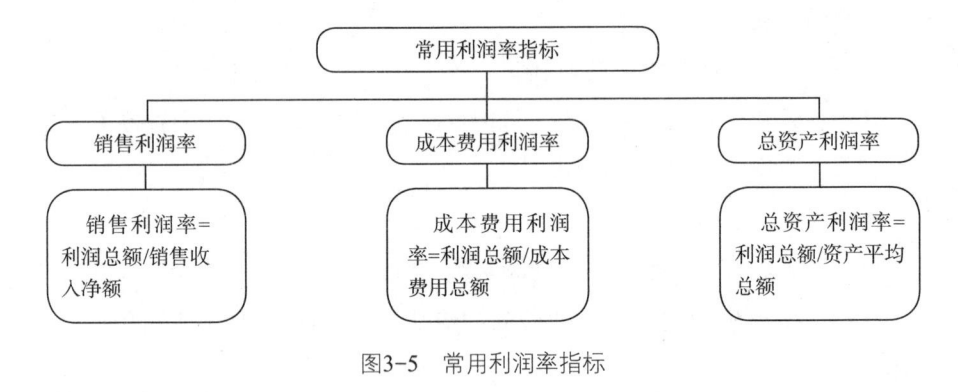

```
                    常用利润率指标
         ┌──────────────┼──────────────┐
      销售利润率      成本费用利润率      总资产利润率
         │              │              │
    销售利润率=     成本费用利润     总资产利润率=
    利润总额/销售   率=利润总额/成    利润总额/资产平均
    收入净额        本费用总额        总额
```

图3-5　常用利润率指标

二、盈利结构分析

企业的盈利结构是指构成企业利润的各种不同性质的盈利的有机搭配比例。从质的方面来理解，表现为企业的利润是由什么样的盈利项目组成的，不同的盈利项目对企业盈利能力有极不相同的作用和影响。从量的方面来理解，表现为不同的盈利占总利润的比重，不同的盈利比重对企业盈利能力的作用和影响程度也不相同。所以，在盈利结构分析中，不仅要认识不同的盈利项目对企业盈利能力影响的性质，而且要掌握它们各自的影响程度。企业利润表中的盈利一般都是通过收入与支出的配比计算出来的。所以分析盈利结构，先要分析收支结构。

利润表分析的起点就是了解企业在一定时期内的总收入是多少，总支出是多少，总收入减去总支出后总利润是多少。通过分析可以判明企业盈利形成的收支成因，能够揭示出企业的支出占收入的比重，从整体上说明企业的收支水平。

收支结构的第二层分析实质是揭示各个具体的收入项目或支出项目占总收入或总支出的比重。我们知道，企业的收入按取得收入的业务不同分为主营业务收入、其他业务收入、投资收益、营业外收入和补贴收入。由于不同的业务在企业经营中的作用不同，对企业生存和发展的影响程度也不一样，所以不同的业务取得的收入对企业盈利能力的影响不仅有量的差别，而且有质的不同。分析收入结构可以把握这种差别。

企业的支出也可以按支出的性质分为主营业务成本、主营业务税金及附加、其他业务支出、各种期间费用（包括销售费用、管理费用和财务费用）、资产减值损失、营业外支出和所得税。通过对支出的分类能揭示不同的支出与收入之间的联系，从而判明支出结构的合理性和支出的有效性。同时，不同的业务在企业经营中有不同的作用，不同性质的支出对企业盈利能力的影响也有差别。分析支出结构，把握这种差别，更能进一步判断支出的有效性。

主营业务利润是企业利润的主要来源，主营业务利润分析是分析盈利能力的关键。企业的盈利能力不仅包含企业现在及未来能达到的盈利水平，而且包含企业盈利的稳定性和持续性。企业投入大量的资金都是为企业的主营业务做准备，主营业务经营的好坏是企业能否生存和发展的关键。主营业务经营得好的一个表现就是企业主营业务利润在企业总利润占较大的比重，且一直保持着这种比重。由于企业主营业务的波动性会比其他业务小，主营业务利润的稳定性较其他业务利润等的稳定性也强。如果企业利润中主营业务利润占的比重大，那么企业的盈利结构的安全性较大，即企业利润的波动性会较小。

其他业务利润是企业经营非主营业务的净收益（或亏损），投资收益是企业对外投资的净收益（或亏损），营业外收支差额是与企业经营无直接关系的营业外收入与营业外支出的差额。上述各种非主营业务利润与主营业务利润一样是企业利润的源泉，但由于非主营业务的波动性较大，非主营业务利润与主营业务利润相比稳定性较弱。

三、企业利润质量分析

作为反映企业经营成果的指标，会计利润在一定程度上体现了企业的盈利能力，同时也是目前我国对企业经营者进行业绩考评的重要依据。但由于会计分期假设和权责发生制的使用决定了某一期间的利润并不一定意味着具有可持续性、利润带来的资源具有确定的可支配性。此外，企业经营者出于自身利益的考虑，往往会运用各种手段调节利润、粉饰利润表，从而导致会计信息失真并误导投资者、债权人及其他利益相关者。因此，人们在关注企业盈利能力的同时，更重视对企业利润质量的分析。

1.主营业务收入影响

利润表取消了"主营业务收入"和"其他业务收入"的划分，既适应了当前企业经营日益多元化的趋势，也避免了人为粉饰会计报表的可能。但从利润质量的角度来说，健康的利润应当主要来自主营业务收入。企业的主营业务收入反映企业的核心盈利能力，其创造的利润具有持续性、稳定性和可预测性。因此，在利润质量的分析中，应首先看企业的收入主要来自经常性业务收入还是非经常性业务收入，非经常性业务收入虽然也会为企业带来利润，但往往缺乏持续性和稳定性，不会对企业的长期盈利能力产生实质性影响。

2.投资收益的影响

由于利润表基本理念的变动、公允价值的确定、投资收益的高低等也将影响企业当期营业利润。鉴于公允价值计量的特殊性，我国对公允价值的使用仍然持谨慎态度，只在金融工具、非共同控制下的企业合并、债务重组和非货币性交易等方面采用了。在进行利润质量分析时，应清楚地认识到，公允价值能够体现会计信息的相关性，但难以确保其可靠性。此外，依靠公允价值带来的利润是暂时的，而且会受到很多外部环境因素的影响。我国部分上市公司为避免摘牌需要扭亏为盈，或为获得增资配股资格而保持盈利势头的关键年份，往往会出现营业利润与投资收益的变动趋势呈互补性变化的态势，此时的投资收益（其实是泡沫利润）充当了调节利润的"中流砥柱"。因此，分析投资收益的质量，主要是分析投资收益有无相应的现金流量支撑和关注这种忽高忽低的非正常现象。

3.费用的影响

一般来说，在企业的销售规模和营销策略等变化不大的情况下，销售费用的变化也不会明显。但也不能排除销售费用率上升的情况，这可能反映了市场竞争环境的严峻（如大量的广告费投入），也可能反映销售费用支付的浪费和无效（如开辟新的销售市场失败）。管理费用和销售费用一样，也应当保持一定的稳定性，不能一味地追求降低。甚至在某种情况下，变动性管理费用（如研发费用、职工培训费用等）还会不降反升。财务费用的高低主要取决于借款的规模、利率和期限。借款期限通过利率来影响财务费用，而利率又是不可控因素。如果企业要增加利润，唯一的途径就是压缩借款规模来降低财务费用，但借款规模的缩小是否会限制企业生产经营的持续发展，这是在进行利润质量分析时应该考虑的问题。

案例分析

沃尔·玛特（wal-mart）之所以由美国南部一家小零售商发展成为世界上最大的零件商，就是因为他把握了价值流。

就像所有取得成功的大企业一样，那些严格确定的目标的实现是许多因素共同作用的结果。但其中最为关键的因素是要以比竞争对手低的价格将商品送到商店购货架上的决心。要做到这一点，库存更新价值流是关键。需要以简单和明确的目标对该价值流重建：以尽可能低的价格将商品送上货架。

为了实现这一简单而明确的目标，沃尔·玛特需要一个非常复杂的后勤保障系统。它需要以最小的费用批量购进商品，然后在恰当的时间、以恰当的数量将恰当的商品分配到各商店。从收款台条形码阅读器收集到的信息被传送给负责控制的计算机。由于交叉核对，可以同样借助条形码阅读器对库存进行监控。沃尔·玛特建立了一个叫"交叉入库"的系统，通过该系统对入库的商品进行选择、替换、向商店快速分发。与其说仓库是存储的设备，不如说是一个中转场地。"交叉入库"使沃尔·玛特能够购买整车的货物，因此，可以支付较低的价格，而且还可以在不用很多储存费用的情况下迅速将这些货物分发到各个商店。

沃尔·玛特那样高度普及的战略系统在其他地方已经被广泛模仿。战略优势只能持续一段时间，然后新的机制就变成了行业的普遍做法。那些采用新做法较慢的企业会受到损害。为了保持领先，沃尔·玛特的系统需要一个从各销售点到分销中心和 4 000 个自动售货机的连续的信息流。精心制作的计算机网络对快速的商品运动进行筹划，确保商店拥有顾客需要的商品，而且储存费用最低。

在一段时间内，沃尔·玛特对商店内商品的补充速度远远超过行业的平均水平，并且达到了较低的储存费用水平，取很了批量折扣。不是集中地将商品推给商店，然后由商店再推给消费者；沃尔·玛特的计算机网络通过顾客的购买将适宜的商品吸引到商店。通过系统，计算机将顾客行为的具体信息提供给商店的管理者，因此他们可以制定确定性决策，以决定储存什么商品。

沃尔·玛特对系统进行了较好的协调，不断地对库存补充的战略能力进行改进。然后，沃尔·玛特向前走了一大步，它与供应商建立了计算机化连接，这样那些供应商自己就可以对沃尔·玛特的货架进行补充。沃尔·玛特为这些供应商分配了货架空间，并且在商品售出后向供应商付款。对于这些商品，沃尔·玛特是零储存费用。由此，沃尔·玛特的公司由美国南部一家小零售商发展成为世界上最大的零件商。

4.营业外收入的影响

尽管营业外收入这些小项目对利润不会产生主要贡献，但也不能忽视企业会计准则的变化对企业利润质量的影响。债务重组收益由原来记入资本公积的做法改为记入营业外收入，直接确认为当期损益，这就给企业带来利润飞升的契机。特别是那些负债金额较高又有可能获得债务豁免的企业，可以由此获得巨额利润，提高每股利润。作为企业利润的构成部分，这些非经常性损益的可靠性却有待考证，这就需要关注财务报表附注中有关债务重组的披露。

四、利润质量恶化的特征

企业利润取决于利润形成过程中各收入和费用项目的质量，利润质量恶化，必然会反映到企业的各个方面。对于报表使用者而言，可以从以下方面判断企业的利润质量可能正在恶化，如图3-6所示。

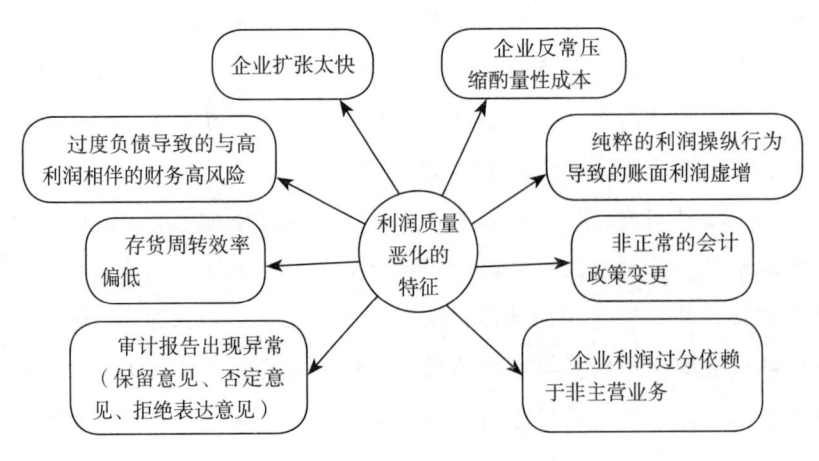

图3-6 利润质量恶化的特征

第四节 利润表的局限性

2006年2月颁布的《企业会计准则》在利润表方面具有重大突破，明确将未实现资产持有利得，如部分证券升值直接记入利润表，利润的含义及构成有了明显的变化。但我们认为，我国《企业会计准则》中对利润表的改进存在以下五方面的缺陷，如图3-7所示。

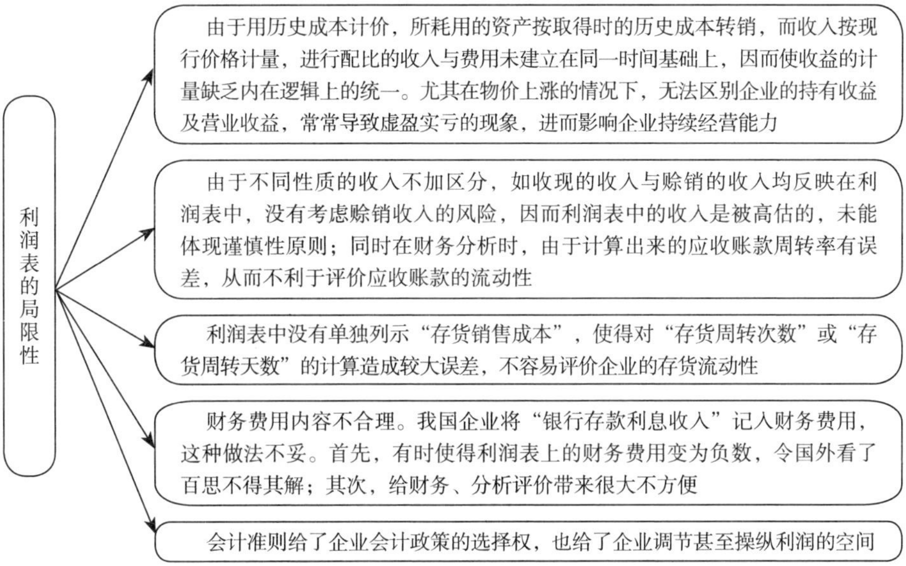

利润表的局限性：

- 由于用历史成本计价，所耗用的资产按取得时的历史成本转销，而收入按现行价格计量，进行配比的收入与费用未建立在同一时间基础上，因而使收益的计量缺乏内在逻辑上的统一。尤其在物价上涨的情况下，无法区别企业的持有收益及营业收益，常常导致虚盈实亏的现象，进而影响企业持续经营能力

- 由于不同性质的收入不加区分，如收现的收入与赊销的收入均反映在利润表中，没有考虑赊销收入的风险，因而利润表中的收入是被高估的，未能体现谨慎性原则；同时在财务分析时，由于计算出来的应收账款周转率有误差，从而不利于评价应收账款的流动性

- 利润表中没有单独列示"存货销售成本"，使得对"存货周转次数"或"存货周转天数"的计算造成较大误差，不容易评价企业的存货流动性

- 财务费用内容不合理。我国企业将"银行存款利息收入"记入财务费用，这种做法不妥。首先，有时使得利润表上的财务费用变为负数，令国外看了百思不得其解；其次，给财务、分析评价带来很大不方便

- 会计准则给了企业会计政策的选择权，也给了企业调节甚至操纵利润的空间

图3-7 利润表的局限性

第四章
现金为王
——现金流量表的解读与分析

现金是一个企业的血液,现金的充足与否影响着企业的运营。有本书叫作《现金为王》将现金置于很高的地位。大家是否记得企业家史玉柱的"巨人"集团是怎样轰然倒塌的?那便是资金周转不利,现金流量不足造成的。纵观破产的企业,有很大部分是现金流出现了问题。

如何从企业的现金流量表中寻找信息,发现问题呢?首先我们应该对现金流量表的内容、构成等有熟悉的把握,然后再对其进行分析。本章将对现金流量表进行详细地剖析,帮您厘清思绪。

第一节　现金流量表概述

一、现金流量表的含义

现金流量表是反映企业在一定会计期间现金和现金等价物流入和流出情况的报表。这样解释，可能您对这张报表还是似懂非懂，别急，因为有几个概念还没说清楚呢。

首先，我们要正确理解、把握现金的含义。

这里所提到的现金，不是人们日常生活中经常使用的现金（日常生活中的现金常指现款），也不是会计核算中做账用的库存现金，此时的现金有其特定的含义。

现金是指企业库存现金以及可以随时用于支付的存款，它包括库存现金、银行存款和其他货币资金。也就是说现金流量表定义的"现金"是指货币资金。

要准确把握现金的含义，还需要注意"银行存款"和"其他货币资金"中一些企业不能随时用于支付的存款，如不能随时支取的定期存款，不应作为现金，而应作为持有至到期投资。而那些提前通知金融企业便可支取的定期存款，应包括在现金范围之内。

其次，我们来看看现金等价物又是什么？

现金等价物是指企业持有的期限短、流动性强、易于转换为已知金额的现金并且价值变动风险很小的投资。也就是说，一项投资被确定为现金等价物，必须同时具备以下 4 个条件。

（1）期限短。

（2）流动性强。

（3）易于转换为已知金额的现金。

（4）价值变动风险很小。

期限短，一般是指从购买日起 3 个月到期。例如，可在证券市场上流通的 3 个月到期的短期债券投资就属于现金等价物。企业为保证自己的支付能力，可持必要的现金，为了不使现金闲置，可以购买短期债券，在企业需要现金时，可以随时变现。由于股权性投资（或称权益性投资、股票投资）变现的金额通常不确定，因而不属于现金等价物。

现金等价物虽不是现金，但其支付能力与现金差别不大，可被视为现金。接下来，我们在提及"现金"时，除非同时提到"现金等价物"，否则均包括现金和现金等价物。

二、现金流量表的结构

现金流量表分正表和补充资料两部分。

现金流量表正表部分是以"现金流入－现金流出＝现金流量净额"为基础，采取多步式，分列经营活动、投资活动和筹资活动，分项报告企业的现金流入量和流出量。

现金流量表补充资料部分又细分为三部分，第一部分是不涉及现金收支的投资和筹资活动；第二部分是将净利润调节为经营活动的现金流量，即所谓现金流量表编制的净额法；第三部分是现金及现金等价物净增加情况。

现金流量表的格式如表 4-1 所示。

表 4-1 现金流量表

单位：元

项目	本期金额	上期金额
一、经营活动产生的现金		
销售商品、提供劳务收到的现金		
收到的税费返还		
收到其他与经营活动有关的现金		
经营活动现金流入小计		
购买商品、接受劳务支付的现金		
支付给职工以及为职工支付的现金		
支付的各项税费		
支付其他与经营活动有关的现金		

续表

项目	本期金额	上期金额
经营活动现金流出小计		
经营活动产生的现金流量净额		
二、投资活动产生的现金流量		
收回投资收到的现金		
取得投资收益收到的现金		
处置固定资产、无形资产和其他长期资产收回的现金净额		
处置子公司及其他营业单位收到的现金净额		
收到其他与投资活动有关的现金		
投资活动现金流入小计		
购建固定资产、无形资产和其他长期资产支付的现金		
投资支付的现金		
取得子公司及其他营业单位支付的现金净额		
支付其他与投资活动有关的现金		
投资活动现金流出小计		
投资活动产生的现金流量净额		
三、筹资活动产生的现金流量		
吸收投资收到的现金		
取得借款收到的现金		
收到其他与筹资活动有关的现金		
筹资活动现金流入小计		
偿还债务支付的现金		
分配股利、利润或偿付利息支付的现金		
支付其他与筹资活动有关的现金		
筹资活动现金流出小计		
筹资活动产生的现金流量净额		
四、汇率变动对现金及现金等价物的影响		
五、现金及现金等价物净增加额		
加：期初现金及现金等价物余额		
六、期末现金及现金等价物余额		

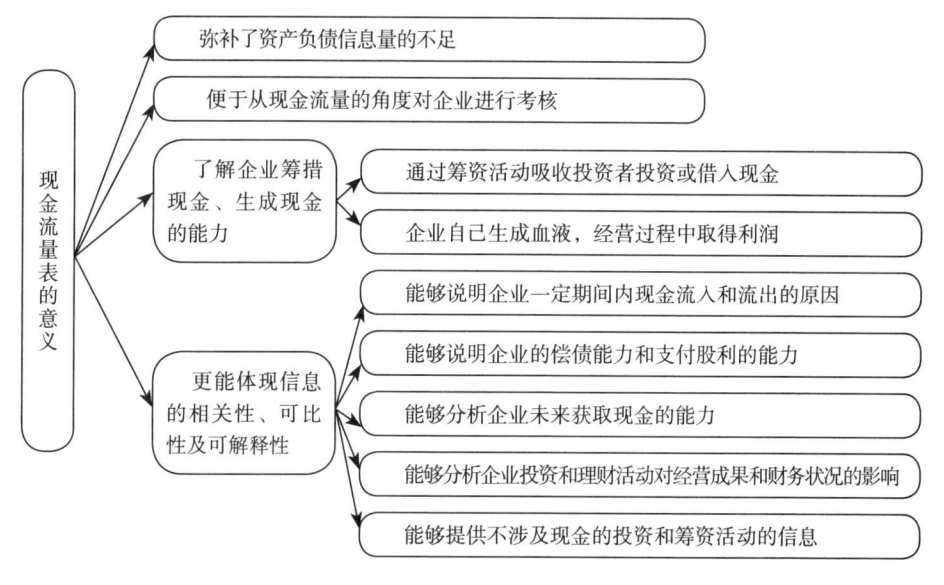

三、现金流量表的意义

现金流量表的意义如图 4-1 所示。

图4-1 现金流量表的意义

第二节 现金流量表项目解读

一、现金及现金等价物

会计上所说的现金通常指企业的库存现金。而现金流量表中的"现金"不仅包括"现金"账户核算的库存现金,还包括企业"银行存款"账户核算的存入金融企业、随时可以用于支付的存款,也包括"其他货币资金"账户核算的外埠存款、银行汇票存款、银行本票存款和在途货币资金等其他货币资金。应注意的是,银行存款和其他货币资金中有些不能随时用于支付的存款,如不能随时支取的定期存款等,不应作为现金,而应列作投资;提前通知金融企业便可支取的定期存款，则应包括在现金范围内。

现金等价物是指企业持有的期限短、流动性强、易于转换为已知金额现金、价值变动风险很小的投资。现金等价物虽然不是现金，但其支付能力与现金的差别不大，可视为现金。

一项投资被确认为现金等价物必须同时具备四个条件：期限短、流动性强、易于转换为已知金额现金、价值变动风险很小。其中，期限较短，一般是指从购买日起，三个月内到期，如可在证券市场上流通的三个月内到期的短期债券投资等。

二、现金流量

现金流量是某一段时期内企业现金流入和流出的数量。如企业销售商品、提供劳务、出售固定资产、向银行借款等取得现金，形成企业的现金流入；购买原材料、接受劳务、购建固定资产、对外投资、偿还债务等而支付现金等，形成企业的现金流出。现金流量信息能够表明企业经营状况是否良好，资金是否紧缺，企业偿付能力大小，从而为投资者、债权人、企业管理者提供非常有用的信息。应该注意的是，企业现金形式的转换不会产生现金的流入和流出，如企业从银行提取现金，是企业现金存放形式的转换，并未流出企业，不构成现金流量；同样，现金与现金等价物之间的转换也不属于现金流量，比如，企业用现金购买将于3个月内到期的国库券。

准则将现金流量分为三类，即经营活动产生的现金流量、投资活动产生的现金流量、筹资活动产生的现金流量，如图4-2所示。

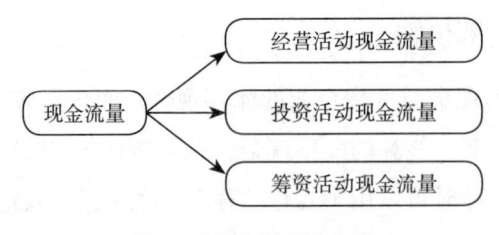

图4-2 现金流量的分类

1. 经营活动

经营活动是指企业投资活动和筹资活动以外的所有交易和事项。根据定义，经营活动的范围很广，它包括了企业投资活动和筹资活动以外的所有交易和事项。就工商企业来说，经营活动主要包括：销售商品、提供劳务、经营性租赁、购买商品、接受劳务、广告宣传、推销产品、交纳税款；等等。各类企业由于行业特点不同，对经营活动的认定存在一定差异，在编制现金流量表时，应根据企业的实际情况，对现金流量进行合理的归类。

2. 投资活动

投资活动是指企业长期资产的购建和不包括在现金等价物范围内的投资及其处置活动。这里所指的长期资产是指固定资产、在建工程、无形资产、其他资产等有期限在一年或一个营业周期以上的资产。之所以将"包括在现金等价物范围内的投资"排除在外，是因为已经将包括在现金等价物范围内的投资视同现金。投资活动主要包括取得和收回投资、购建和处置固定资产、无形资产和其他长期资产；等等。

3. 筹资活动

筹资活动是指导致企业资本及债务规模和构成发生变化的活动。这里所说的资本，包括实收资本（股本）、资本溢价（股本溢价）。与资本有关的现金流入和流出项目，包括吸收投资、发行股票、分配利润等。"债务"是指企业对外举债所借入的款项，如发行债券、向金融企业借入款项以及偿还债务等。

三、经营活动产生的现金流量

1. 销售商品、提供劳务收到的现金

销售商品、提供劳务收到的现金指企业销售商品或提供劳务等经营活动收到的现金。要注意的是：本项经营活动包括所有经营活动，其中经营性租赁除外；本项目不包括随销售收入和劳务收入一起收到的增值税销项税额；本项目应包括收回前期的货款和本期预收的货款；发生销货退回而支付的现金应从本项目中扣除。

当期销售货款或提供劳务收到的现金可用如下公式计算得出：

销售商品、提供劳务收到的现金 = 当期销售商品或提供劳务收到的现金收入 + 当期收到前期的应收账款 + 当期收到前期的应收票据 + 当期的预收账款 − 当期因销售退回而支付的现金 + 当期收回前期核销的坏账损失　　（4-1）

案例分析

A企业本期发生下列有关业务：①销售产品价款为10 000元，销项税额为1 300元，货款已收到；②销售产品价款为20 000元，销项税额为2 600元，货款未收到；③当期收到前期的应收账款5 000元（含税）；④当期收到的预收账款7 000元（含税）；⑤当期收到到期不带息的应收票据，到期值为9 000元（含税）；⑥将未到期的应收票据向银行贴现，面值为6 000元，贴现利息200元，贴现收入为5 800元。

销售商品、提供劳务收到的现金 =11 300+5 000+7 000+9 000+5 800=38 100元

2. 收到的租金

本项目反映企业收到的经营租赁的租金收入。

3. 收到的增值税项税额和退回的增值税款

企业销售商品收到的增值税销项税额以及出口产品按规定退税而取得的现金，应单独反映。为便于计算这一项目的现金流量，企业应在"应收账款"和"应收票据"科目下分设"货款"和"增值税"两个明细科目。

4. 收到的除增值税以外的其他税费返还

企业除增值税税款退回外，还有其他的税费返还，如所得税、消费税、关税和教育费附加返还款等。这些返还的税费按实际收到的款项在本项目中反映。

5. 购买商品、接受劳务支付的现金

本项目包括当期购买商品支付的现金、当期支付的前期购买商品的应付款以及为购买商品而预付的现金等。因购买商品或接受劳务而同时支付的、能够抵扣增值税销项税额的进项税额，在"支付的增值税款"项目中反映。如果购买商品或接受劳务时，其中所含的增值税进项税额不能抵扣增值税销项税额，则仍在本项目中反映。

企业当期购买商品、接受劳务支付的现金可通过以下公式计算得出：

购买商品、接受劳务支付的现金 = 当期购买商品、接受劳务支付的现

金+当期支付前期的应付账款+当期支付前期的应付票据+当期预付的账款-当期因购货退回收到的现金　　　　　　　　　　　　　　　　（4-2）

> **案例分析**

  A企业本年发生下列有关业务：①购买材料价款为20 000元，进项税额为2 600元，货款已支付；②购买材料价款为30 000元，进项税额为3 900元，货款未支付；③当期支付前期的应付账款52 000元（含税）；④当期预付购料账款35 000元（含税）；⑤当期支付到期不带息的应付票据，到期值为68 500元（含税）。

  购买商品、接受劳务支付的现金=22 600+52 000+35 000+68 500=178 100元

6. 经营租赁所支付的现金

企业经营租赁所支付的租金按当期实际支付的款项反映。

7. 支付给职工以及为职工支付的现金

本项目反映企业以现金方式支付给职工的工资和为职工支付的其他现金。支付给职工的工资包括工资、奖金以及各种补贴等；为职工支付的其他现金，如企业为职工交纳的养老、失业等社会保险基金、企业为职工交纳的商业保险金等。

8. 支付的增值税款

本项目反映企业购买商品实际支付的能够抵扣增值税销项税额的增值税进项税额，以及实际交纳的增值税税款。投资活动支付的增值税应在投资活动现金流量中列示，不在本项目中反映。

9. 支付的所得税款

本项目反映企业当期实际支付的所得税。

10. 支付的除增值税、所得税以外的其他税费

本项目反映企业按国家有关规定于当期实际支付的除增值税、所得税以外的其他各种税款。包括本期发生并实际支出的税金和当期支付以前各期发生的税金以及预付的税金。对有关投资项目发生的税金支出，不应列为经营

活动的现金流量，应在有关投资项目中列示。如交纳的投资方向调节税，应在"购建固定资产所支付的现金"项目中反映。

各税务部门应关注"收到的税费返还"与"支付的各项税费"两项目，并借助两者的数量关系来对企业缴纳税费状况做出判断。一般而言，应当后者大于前者。如果前者的数额大于后者，说明企业由于外贸出口、国家财政重点扶持的领域等业务而获得政府的税收优惠。此外，还应将"支付的各项税费"项目比较"利润表"的"税金及附加"和"所得税"项目，可以对企业报告年度的相关税费支付状况做出判断。

11. 支付的其他与经营活动有关的现金

除上述主要项目外，企业还有一些项目，如管理费用等现金支出，可在本项目中反映。

四、投资活动产生的现金流量

1. 收回投资所收到的现金

企业收回的投资款项中包括两部分内容，一是投资本金，二是投资收益。除投资本金在本项目反映外，与投资本金一起收回的投资收益也应在本项目反映。但债券投资本金与利息，一般易于分清，其债券利息收入应与本金分开，在"取得债券利息收入所收到的现金"项目中单独反映。

> **案例分析**
>
> 某公司出售持有的 G 公司股票，原来购买该股票成本为 200 万元，卖出股票实得净额为 230 万元。那么，收回的成本 200 万元在本项目中反映，投资收益 30 万元在"取得投资收益收到的现金"项目中反映。

2. 分得股利或利润所收到的现金

本项目反映因对外投资而分得的股利或利润。

3. 取得债券利息收入所收到的现金

本项目反映企业债券投资所取得的现金利息收入。包括在现金等价物范围内的债券投资，其利息收入也应在本项目中反映。

4. 处置固定资产、无形资产和其他长期资产而收到的现金净额

本项目反映出售固定资产、无形资产和其他长期资产所取得的现金扣除为出售这些资产而支付的有关费用后的净额。本项目还包括固定资产报废、毁损的变卖收益以及遭受灾害而收到的保险赔偿收入等。如处置固定资产、无形资产和其他长期资产所收回的现金净额为负数，则应作为投资活动现金流出项目反映，列在"支付的与投资活动有关的其他现金"中。

案例分析

某公司转让一台旧设备，取得15万元的现金收入，同时以现金支付相关的清理费用等3万元，本项目反映处理设备的现金净额为12万元，而不是反映为收到15万元、支出3万元。

5. 购建固定资产、无形资产和其他长期资产所支付的现金

企业为购建固定资产而支付的款项，包括购买机器设备所支付现金及增值税款、建造工程支付的现金、支付在建工程人员的工资等现金支出。购买无形资产支付的现金，包括企业购入或自创取得各种无形资产的实际现金支出。购建固定资产项目中，不包括融资租赁租入固定资产所支付的租金。融资租赁租入固定资产所支付的租金，应在筹资活动的现金流量中反映。

6. 权益性投资所支付的现金

本项目反映企业购买股票等权益性投资所支付的现金。

7. 债权性投资所支付的现金

本项目反映企业购买的除现金等价物以外的债券而支付的现金。企业购买债券的价款中含有债券利息的，以及溢价或折价购入的，均按实际支付的金额反映。

8. 其他与投资活动有关的现金收入与支出

除上述各项投资活动以外，企业还会发生一些其他投资活动项目的现金收入和现金支出。这些收入和支出分别在"收到的其他与投资活动有关的现金"项目和"支付的其他与投资活动有关的现金"项目反映。

案例分析

企业2007年5月以84 400元购买P公司股票8 000股,其中包括P公司已宣布发放但尚未发放的现金股利4 000元。企业即将收到的4 000元在"支付的其他与投资活动有关的现金"项目中反映。企业6月收到P公司发放的现金股利4 000元,既不属于投资购买成本,也不属于企业的投资收益,而应属于收到的与投资活动有关的现金流入,在"收到的其他与投资活动有关的现金"项目中反映。

资本运营效果方面的信息。通过比较"现金流量表"的"投资所支付的现金"和"取得投资收益所收到的现金",就可对企业资本运营的效果作出分析和判断。此外,通过比较"投资所支付的现金"与"利润表"的"投资收益"项目,就可以对企业"投资收益"的含金量作出判断,如果前者小于后者,则说明企业"投资收益"的变现能力较差;当然,其中也不排除利润操纵的可能性,应予以关注。

五、筹资活动产生的现金流量

1. 吸收权益性投资所收到的现金

本项目反映企业通过发行股票等方式筹集资本所收到的现金。其中,股份有限公司公开募集股份,须委托金融企业进行公开发行,由金融企业直接支付的手续费、宣传费、咨询费、印刷费等费用,从发行股票取得的现金收入中扣除,以净额列示。

2. 发行债券所收到的现金

本项目反映企业发行债券等筹集资金收到的现金。本项目以发行债券实际收到的现金列示。委托金融企业发行债券所花费的费用,应与发行股票所花费的费用一样处理,即发行债券取得的现金,应扣除代理发行公司代付的费用后的净额列示。

3. 借款收到的现金

本项目反映企业所借各种短期、长期借款所收到的现金。

4. 偿还债务所支付的现金

本项目反映企业偿还债务所支付的现金，包括：归还金融企业借款、偿付企业到期的债券等。本项目按企业当期实际支付的偿债金额填列。对于以非现金偿付的债务应在报表附注中说明。因借款而发生的利息支出，不在本项目反映，而列入"偿付利息所支付的现金"项目中。

5. 发生筹资费用所支付的现金

本项目反映企业为发行股票、债券或向金融企业借款等筹资活动发生的各种费用，如咨询费、公证费、印刷费等。这里所说的现金支出是指资金到达企业之前发生的前期费用，不包括利息支出和股利支出。前述委托金融企业发行股票或债券而由金融企业代付的费用，应在筹资款项中抵扣，不包括在本项目内。

6. 分配股利或利润所支付的现金

本项目反映企业当期实际支付的现金股利以及分配利润所支付的现金。

7. 偿付利息所支付的现金

本项目反映企业用现金支付的借款利息、债券利息等。不同用途的借款，其利息的开支渠道不一样，如在建工程、财务费用，均应在本项目反映。

8. 融资租赁所支付的现金

本项目反映融资租赁租入固定资产所支付的现金，包括支付的当期应付租金和前期应付未付而于本期支付的租金。

9. 减少注册资本所支付的现金

企业由于经营状况发生变化，如发生重大亏损短期内无力弥补或缩小经营规模等，企业经向有关部门申请可依法减资。因缩小经营规模而由股东抽回资本所发生的现金支出，在本项目反映。

10. 与筹资活动有关的其他现金收入与支出

除上述各项筹资活动以外，企业还会发生一些其他与筹资活动项目有关的现金收入和现金支出。这些收入和支出分别在"收到的其他与筹资活动有关的现金"项目和"支付的其他与筹资活动有关的现金"项目反映。

银行信贷部门应关注"取得借款所收到的现金"和"购建固定资产、无形资产和其他长期资产所支付的现金"等项目，并借此对企业借款合同的执行情况作出分析和判断。如果企业购建固定资产所发生现金支出与原借款合同所规定的时间及额度相同，则说明企业执行借款合同情况较好；反之，当企业将流动资金借款用于固定资产购建时，就会对企业近期的偿债能力产生不良影响，对此应引起银行信贷部门的高度重视。此外通过比较"现金流量表"的"分配股利、利润、偿付利息所支付的金"与"利润表"的"财务费用"项目，还可以对企业支付利息的能力作出分析。

第三节 现金流量表的结构分析

在市场经济条件下，企业要想在激烈的竞争中立于不败之地，不但要千方百计地把自己的产品销售出去，更重要的是能及时收回销货款，以便经营活动能够顺利开展。除经营活动之外，企业的投资和筹资活动同样影响着企业的现金流量，从而影响企业的财务状况。对于企业而言，由于每种活动产生的现金净流量的正负方向构成不同，所以会产生不同的现金流量结果，进而会对企业的财务状况产生重要的影响。因此，可以对企业财务状况进行一般分析，其分析过程如下：

1. 当经营活动现金流入量小于流出量，投资活动现金流入量大于流出量，筹资活动现金流入量大于流出量时，说明企业经营活动现金账流入不足，主要靠借贷维持经营；如果投资活动现金流入量净额是依靠收回投资或处置长期资产所得，财务状况较为严峻。

2. 经营活动现金流入量小于流出量，投资活动现金流入量小于流出量，筹资活动现金流入量大于流出量时，说明企业界经营活动和投资活动均不能产生足够的现金流入，各项活动完全依赖借债维系，一旦举债困难，财务状况将十分危险。

3. 经营活动现金流入量小于流出量，投资活动现金流入量大于流出量，筹资活动现金流入量小于流出量时，说明企业经营活动产生现金流入不足；筹集资金发生了困难，可能主要依靠收回投资或处置长期资产所得维持运营，说明企业财务状况已陷入了困境。

4. 经营活动现金流入量小于流出量，投资活动现金流入量小于流出量，筹资活动现金流入量小于流出量时，说明企业三项活动均不能产生现金净流入，说明企业财务状况处于瘫痪状态，面临着破产或被兼并的危险。

5. 经营活动现金流入量大于流出量，投资活动现金流入量大于流出量，筹资活动现金流入量大于流出量时，说明企业财务状况良好。但要注意对投资项目的可行性研究，否则增加投资会造成浪费。

6. 经营活动现金流入量大于流出量，投资活动现金流入量小于流出量，筹资活动现金流入量小于流出量时，说明企业经营活动和借债都能产生现金净流入，说明财务状况较稳定；扩大投资出现投资活动负向净流入也属正常，但注意适度的投资规模。

7. 经营活动现金流入量大于流出量，投资活动现金流入量大于流出量，筹资活动现金流入量小于流出量时，说明企业经营活动和投资活动均产生现金净流入；但筹资活动为现金净流出，说明有大量债务到期需现金偿还；如果净流入量大于净出量，说明财务状况较稳定；否则，财务状况不佳。

8. 经营活动现金流入量大于流出量，投资活动现金流入量小于流出量，筹资活动现金流入量小于流出量时，说明主要依靠经营活动的现金流入运营，一旦经营状况陷入危机，财务状况将会恶化。

案例分析

西安北方电器（集团）有限责任公司（以下简称北方公司）2001年度现金流量表结构分析，包括流入结构、流出结构和流入流出比例分析：

北方公司2001年现金流量统计如下（单位：元）：

现金流入总量 232 756 903.85

经营活动流入量 226 899 657.52

投资活动流入量 176 636.74

筹资活动流入量 5 680 609.59

现金流出总量 214 381 982.13

经营活动流出量 198 160 756.02

投资活动流出量 8 102 698.84

筹资活动流出量 8 118 527.27

1. 流入结构分析

在全部现金流入量中，经营活动所得现金占 97.48%，投资活动所得现金占 0.08%，筹资活动所得现金占 2.44%。由此可以看出北方公司其现金流入产生的主要来源为经营活动，其投资活动、筹资活动基本对于企业的现金流入贡献很小。

2. 流出结构分析

在全部现金流出量中，经营活动所得现金占 92.43%，投资活动所得现金占 3.78%，筹资活动所得现金占 3.79%。北方公司其现金流出主要在经营活动方面，其投资活动、筹资活动占用流出现金很少。

3. 流入流出比例分析

从北方公司的现金流量情况可以看出：

经营活动中：现金流入量 226 899 657.52 元

现金流出量 198 160 756.02 元

该公司经营活动现金流入流出比为 1.15，表明 1 元的现金流出可换回 1.15 元现金流入。

投资活动中：现金流入量 176 636.74 元

现金流出量 8 102 698.84 元

该公司投资活动的现金流入流出比为 0.02，公司投资活动引起的现金流出较小，表明北方公司正处于发展时期。

筹资活动中：现金流入量 5 680 609.59 元

现金流出量 8 118 527.27 元

筹资活动流入流出比为 0.70，表明还款明显大于借款，说明北方公司较大程度上存在借新债还旧债的现象。

将现金流出与现金流入量和流入流出比例分析相结合，可以发现该公司的现金流入与流出主要来自经营活动所得，用于经营活动所支，其部分经营现金流量净额用于补偿投资和筹资支出；公司进行固定资产投资，无形资产投资等现金需要主要来源于经营活动所得，其投资活动基本上没有产生现金流入，说明北方公司在企业资产改造方面的力度较强；而北方公司在 2019 年筹资活动中加大了借款以偿还其原有债务同时更大一部分用于支付借款利息其不足部分使用了经营活动的现金所得，因偿还债务所支付的现金为：1 000 000.00，补充资料中财务费用为：7 116 889.31，可以看出北方公司基本上没有分配股利、利润。

第四节　现金流量表综合分析

一、现金流量表与损益表比较分析

利润表是反映企业一定期间经营成果的重要报表，它揭示了企业利润的计算过程和利润的形成过程。利润被看成是评价企业经营业绩及盈利能力的重要指标，但却存在一定的缺陷。由于收入与费用是按其归属来确认的，而不管是否实际收到或付出了现金，以此计算的利润常常使一个企业的盈利水平与其真实的财务状况不符。有的企业账面利润很大，看似业绩可观，而现金却入不敷出，举步维艰；而有的企业虽然巨额亏损，却现金充足，周转自如。所以，仅以利润来评价企业的经营业绩和获利能力有失偏颇。如能结合现金流量表所提供的现金流量信息，特别是经营活动现金净流量的信息进行分析，则较为客观全面。其实，利润和现金净流量是两个从不同角度反映企业业绩的指标，前者可称为应计制利润，后者可称为现金制利润。二者的关系，通过现金流量表的补充资料揭示出来。具体分析时，可将现金流量表的有关指标与损益表的相关指标进行对比，以评价企业利润的质量。主要从以下五个指标来进行分析：

1. 营业利润现金保证率=经营活动产生的现金净流量/净利润

这一比率主要反映经营活动产生的现金净流量与当期净利润的差异程度，即当期实现的净利润中有多少是有现金保证的。从一个会计期间来分析，当期实现的净利润中可能有相当一部分没有收回现金，这个比率应该小于1。但是考虑到企业是处在持续经营的过程之中的，本期的销售收入中有一部分会递延到下期才能收回现金，而本期收到的现金则包括一部分前期的应收账款。如果企业的销售业务没有发生大起大落的变化，应收、应付账款都能够按期支付，存货规模也与上期持平，那么，这个指标应该大于1，因为在经营活动产生的现金净流量中包括了必须要由销售收入来弥补的固定资产折旧额。固定资产折旧额的具体数值根据企业使用的不同的折旧方法而有差异。为了避免因为不同企业采用不同的折旧方法计提出来的折旧额不同而产生的不可比性，报表使用者可以从经营活动产生的现金净流量中扣除固定资产折旧额，以此来计算调整后的营业利润现金保证率。

调整后的营业利润现金保证率应该接近或等于1。如果这个调整后的比率明显低于1，说明企业的利润质量较差（如含有大量应收账款，而且可能存在大量的坏账损失），但是在短时间内不会对企业持续经营产生严重影响，因为只有在需要更新固定资产时出现了现金短缺，这一问题才会成为突出矛盾。如果这一指标连续若干期远远小于1，并且逐期递减，说明企业的净利润缺乏足够的现金保证，其质量很不理想。而且当这个指标小于1时，企业可能会通过增加债务筹资来满足资金的需要，但这样做势必将导致资产负债率和筹资成本提高，从而降低企业未来的盈利能力。

2. 经营活动现金比率=经营活动产生的现金净流量/现金流量总额

这个指标反映企业经营活动产生的现金净流量占企业现金净流量总额的比率。这一比率越高，表明企业自身创造现金的能力越强，财务基础越牢固，偿债能力和对外筹资能力越强；这一比率越低，说明企业自身创造现金的能力越弱，财务基础越不牢固，偿债能力和对外筹资能力越弱。经营活动产生的现金净流量从本质上代表了企业自身创造现金的能力，尽管企业可以通过对外筹资的途径取得现金，但企业债务本息的偿还仍然要有赖于经营活动产生的现金净流量。

3.销售收入现金回收率=经营活动产生的现金净流量/销售收入

这一比率反映企业每一元销售收入中所能获得的现金流量。考虑到固定资产折旧的原因,这个比率应该比销售利润率(净利润/销售收入)高一些。这个比率高,说明每一元销售收入创造的现金流量多,利润质量比较好;如果这一比率比较低,且连续下降,说明销售收入缺乏必要的现金保证,销售收入中含有大量的应收账款,而且可能存在大量的坏账损失,将会对企业的经营成果产生不利的影响。

4.资产现金回报率=经营活动产生的现金净流量/总资产平均余额

这个指标是对资产利用效率的一种评价,它反映了每一元资产所能够获得的现金流量,从现金流量的角度说明了资产的周转速度。从理论上来讲,在各期销售收入基本相当、应收账款均衡周转的情况下,这个指标应该大致与总资产周转率(销售收入/总资产平均余额)相等。如果实际计算出的这个指标低于总资产周转率,说明销售收入中有较大比重被现金以外的其他资产所占用(如含有大量应收账款,而且可能存在大量的坏账损失),这种情况如果长期存在,也会对企业的经营成果产生不良的影响。

5.现金股利支付保证率=经营活动产生的现金净流量/现金股利

这个指标表示企业经营活动产生的现金净流量占企业实际发放的现金股利的比率,说明企业实际用来发放现金股利的资金中,有多少是来源于经营活动产生的现金净流量的。这一比率越大,说明企业支付现金股利的能力越强;这一比率越小,说明企业支付现金股利的能力越弱。不过,这个比率较高时并不意味着投资者的每股股票在当期就可以获取很多的现金股利,因为,股利的发放与企业管理者当局的股利政策有关,如果管理当局无意于用这些现金流量在当期发放大量的现金股利,而是青睐于用这些现金流量进行再投资,以期获得更高的投资效益,从而提高本企业的股票市价,那么,上述这项指标对于企业当期的财务分析来说效用就不是很大。但企业投资者的投资行为并非只着眼于短期利益,从长远发展来说,企业获得了更多的投资机会,获得了更高的投资效益,最后最得益的也还是投资者,企业不在当期给投资者发放现金股利,而是用其进行再投资,以获取更大的投资回报,就必然会在以后给投资者发放大量的现金股利,正所谓"舍小钱得大钱"。

二、现金流量表与资产负债表比较分析

资产负债表是反映企业期末资产和负债状况的报表，运用现金流量表的有关指标与资产负债表有关指标比较，可以更为客观地评价企业的偿债能力、盈利能力及支付能力。

1.偿债能力分析

流动比率是流动资产与流动负债之比，而流动资产体现的是能在一年内或一个营业周期内变现的资产，包括了许多流动性不强的项目，如呆滞的存货、有可能收不回的应收账款，以及本质上属于费用的待摊费用、待处理流动资产损失和预付账款等。它们虽然具有资产的性质，但事实上却不能再转变为现金，不再具有偿付债务的能力。而且，不同企业的流动资产结构差异较大，资产质量各不相同，因此，仅用流动比率等指标来分析企业的偿债能力，往往有失偏颇。可运用经营活动现金净流量与资产负债表相关指标进行对比分析，作为流动比率等指标的补充。具体内容为：

（1）经营活动现金净流量与流动负债之比。该比率可以反映企业经营活动获得现金偿还短期债务的能力，比率越大，说明偿债能力越强。

（2）经营活动现金净流量与全部债务之比。该比率可以反映企业用经营活动中所获现金偿还全部债务的能力，比率越大，说明企业承担债务的能力越强。

（3）现金（含现金等价物）期末余额与流动负债之比。该比率反映企业直接支付债务的能力，比率越高，说明企业偿债能力越大。但由于现金收益性差，这一比率也并非越大越好。

2.盈利能力及支付能力分析

由于利润指标存在的缺陷，因此可运用现金净流量与资产负债表相关指标进行对比分析，作为每股收益、净资产收益率等盈利指标的补充。

（1）每股经营活动现金净流量与总股本之比。该比率反映每股资本获取现金净流量的能力，比率越高，说明企业支付股利的能力越强。

（2）经营活动现金净流量与净资产之比。该比率反映投资者投入资本创造现金的能力，比率越高，变现能力越强。

3.销售商品、提供劳务收到的现金与主营业务收入比较，可以大致说明

企业销售回收现金的情况及企业销售的质量。收现数所占比重大，说明销售收入实现后所增加的资产转换现金速度快、质量高

4.分得股利或利润及取得债券利息收入所得到的现金与投资收益比较，可大致反映企业账面投资收益的质量

第五节 现金流量表的缺陷

编制现金流量表的目的在于提供某一会计期间的现金赚取和支出信息，以反映企业现金周转的时间、金额及原因等情况。直观地看，现金流量表就是对比较资产负债表中"货币资金"期初、期末余额变动成因的详细解释。现金流量表编制方法较为复杂，这使大部分投资者很难充分理解利用其信息，而且对其作用和不足也缺乏一种较为全面的认识。许多投资者对现金流量表抱有很大期望，认为"经营现金流量净额"可以提供比"净利润"更加真实的经营成果信息，或者它不太容易受到上市公司的操纵，等等。事实上，这些观点是比较片面的，主要原因如图4-3所示。

现金流量表的局限性：

- 现金流量表的编制基础是现金制，因此，企业的当期业绩与"经营现金流量净额"没有必然联系，更不论投资、筹资活动所引起的突发性现金变动了

- 在权责发生制下，企业的利润表可以正常反映当期赊销、赊购事项的影响，而现金流量表则是排斥商业信用交易的。不稳定的商业回款及偿债事项使得"经营现金流量净额"比"净利润"数据可能出现更大的波动性

- 现金流量表只是一种"时点"报表，一种"货币资金"项目的分析性报表。因此，其缺陷与资产负债表很相似。显而易见，特定时点的"货币资金"余额是可以操纵的

- 编制方法存在问题。尽管我国要求上市公司采用直接法编制现金流量表，但在无力进行大规模会计电算化改造和账务重整的现实条件下，这一目标是很难实现的。目前，绝大多数企业仍然采用间接法，通过对"净利润"数据的调整来计算"经营现金流量净额"，但这一方法的缺陷是非常明显的

图4-3 现金流量表的局限性

第五章
弄清所有者权益变动的来龙去脉

　　所有者权益变动表是近年来出现的新面孔，之前是作为资产负债表附表出现的，所以所有者权益变动表的地位是提高了。地位的提高源于作用的凸显，所有者权益变动表是资产负债表和损益表的纽带，反映了企业的全部收益。

　　所有者权益变动表有个特征，那便是其分为横向项目和纵向项目，通过横纵项目的结合分析，可以更加清楚地知道所有者权益的变动依据。通过本章的学习，您将对所有者权益变动表有个深入的了解，也将对财务报表的整个体系有个系统的认识。

第一节　所有者权益变动表概述

所有者权益变动表是反映公司本期内至截至期末所有者权益变动情况的报表。2007年以前，公司所有者权益变动情况是以资产负债表附表形式予以体现的。新准则颁布后，要求上市公司对外呈报所有者权益变动表，所有者权益变动表将成为与资产负债表、利润表和现金流量表并列披露的第四张财务报表。

一、所有者权益变动表的内容

所有者权益变动表是指反映构成所有者权益各组成部分当期增减变动情况的报表。所有者权益变动表应当全面反映一定时期所有者权益变动的情况，不仅包括所有者权益总量的增减变动，还包括所有者权益增减变动的重要结构性信息，特别是要反映直接记入所有者权益的利得和损失，让报表使用者准确理解所有者权益增减变动的根源。

在所有者权益变动表中，企业至少应当单独列示反映下列信息的项目，如图5-1所示。

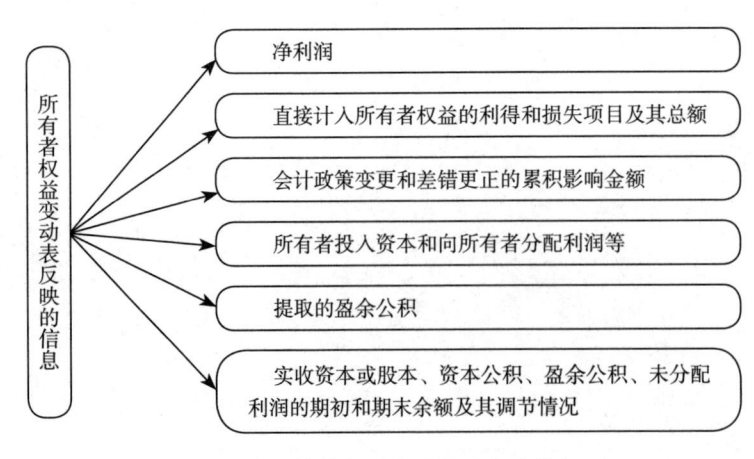

所有者权益变动表反映的信息：
- 净利润
- 直接计入所有者权益的利得和损失项目及其总额
- 会计政策变更和差错更正的累积影响金额
- 所有者投入资本和向所有者分配利润等
- 提取的盈余公积
- 实收资本或股本、资本公积、盈余公积、未分配利润的期初和期末余额及其调节情况

图5-1　所有者权益变动表反映的信息

二、所有者权益变动表的结构

所有者权益变动表是指反映构成所有者权益各组成部分当期增减变动情况的报表。

通过所有者权益变动表，既可以为财务报表使用者提供所有者权益总量增减变动的信息，也能为其提供所有者权益增减变动的结构性信息，特别是能够让财务报表使用者理解所有者权益增减变动的根源。

在所有者权益变动表上，企业至少应当单独列示反映下列信息的项目：①综合收益总额；②会计政策变更和差错更正的累积影响金额；③所有者投入资本和向所有者分配利润等；④提取的盈余公积；⑤实收资本、其他权益工具、资本公积、其他综合收益、专项储备、盈余公积、未分配利润的期初和期末余额及其调节情况。

所有者权益变动表以矩阵的形式列示：一方面，列示导致所有者权益变动的交易或事项，即所有者权益变动的来源，对一定时期所有者权益的变动情况进行全面反映；另一方面，按照所有者权益各组成部分（实收资本、其他权益工具、资本公积、库存股、其他综合收益、盈余公积、未分配利润）列示交易或事项对所有者权益各部分的影响。此外，企业还需要提供比较所有者权益变动表，所有者权益变动表还就各项目再分为"本年金额"和"上年金额"两栏分别填列。

我国一般企业所有者权益变动表的格式如表5-1所示。

表5-1 所有者权益变动表

编制单位：　　　　　　　　　　　　　　年度　　　　　　　　　　　　　　会企04表
单位：元

项目	本年金额									上年金额								
	实收资本（或股本）	其他权益工具			资本公积	减：库存股	其他综合收益	盈余公积	未分配利润	所有者权益合计	实收资本（或股本）	其他权益工具			资本公积	减：库存股	其他综合收益	盈余公积	未分配利润	所有者权益合计
		优先股	永续债	其他								优先股	永续债	其他						
一、上年年末余额																			
加：会计政策变更																			
前期差错更正																			
其他																			
二、本年年初余额																			
三、本年增减变动金额（减少以"—"号填列）																			
（一）综合收益总额																			
（二）所有者投入和减少资本																			
1. 所有者投入的普通股																			

续表

项目	本年金额									上年金额								
	实收资本（或股本）	其他权益工具			资本公积	减：库存股	其他综合收益	盈余公积	未分配利润	所有者权益合计	实收资本（或股本）	其他权益工具			资本公积	减：库存股	其他综合收益	盈余公积	未分配利润	所有者权益合计
		优先股	永续债	其他								优先股	永续债	其他						
2. 其他权益工具持有者投入资本																			
3. 股份支付计入所有者权益的金额																			
4. 其他																			
（三）利润分配																			
1. 提取盈余公积																			
2. 对所有者（或股东）的分配																			
3. 其他																			
（四）所有者权益内部结转																			
1. 资本公积转增资本（或股本）																			
2. 盈余公积转增资本（或股本）																			

续表

项目	本年金额										上年金额									
	实收资本（或股本）	其他权益工具			资本公积	减：库存股	其他综合收益	盈余公积	未分配利润	所有者权益合计	实收资本（或股本）	其他权益工具			资本公积	减：库存股	其他综合收益	盈余公积	未分配利润	所有者权益合计
		优先股	永续债	其他								优先股	永续债	其他						
3. 盈余公积弥补亏损																				
4. 设定受益计划变动额结转留存收益																				
四、本年年末余额																				

II 082

三、所有者权益变动表的作用

所有者权益变动表的作用如图 5-2 所示。

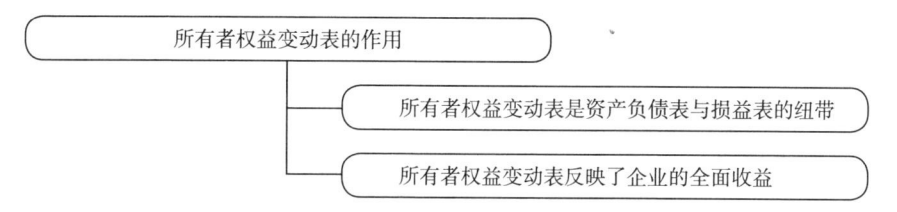

```
所有者权益变动表的作用
    ├── 所有者权益变动表是资产负债表与损益表的纽带
    └── 所有者权益变动表反映了企业的全面收益
```

图5-2　所有者权益变动表的作用

第二节　所有者权益变动表项目分析

一、横向项目分析

横向项目分析如图 5-3 所示。

```
横向项目分析
    ├── 实收资本
    ├── 其他权益工具
    ├── 资本公积
    ├── 库存股
    ├── 其他综合收益
    ├── 专项储备
    ├── 盈余公积
    └── 未分配利润
```

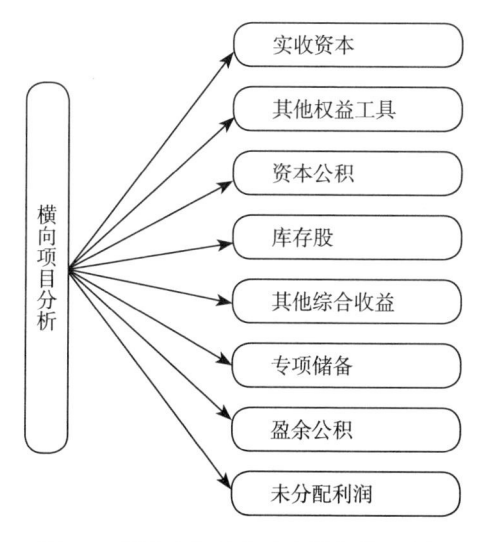

图5-3　所有者权益变动表横向项目分析

1. 实收资本

对于实收资本的分析，应从以下方面分析：

（1）实收资本增加的分析。实收资本增加的途径有资本公积转入、盈余公积转入、利润分配转入和发行新股等，其中，前三种途径增加的实收资本是以其他所有者权益项目的减少为前提的，也就是说，实收资本的增加是所有者权益项目内部结转所带来的。而发行新股（企业投资者增加投入资本），不仅能增加注册资本和股东权益，而且可以增加公司的现金资产，表明投资者对公司的发展充满信心，是对公司最有利的增资方式。

实收资本的增加既能为公司的发展累计物质基础，也可能带来一些新问题。因此，对实收资本变动的分析要综合进行。对资本公积转入、盈余公积转入、利润分配转入所增加的资本公积，主要应关注转增和分配的合理性。对投资者追加的资本，应着重分析公司的业务范围、资金的使用效率及盈利能力，是否形成新的利润增长点，为公司的持续发展和利润的稳定增长奠定基础。在分析实收资本增加的同时，应分析营业收入和净利润是否相应增加，从而保持或提高每股收益。

（2）分析实收资本结构的合理性。通过分析实收资本占所有者权益的比重，分析其结构的合理性。

（3）分析实收资本的变动趋势。从实收资本的变动趋势，分析其所有者权益资本的增长速度和变化趋势。

2. 其他权益工具

企业发行的除普通股（作为实收资本或股本）以外，按照金融负债和权益工具区分原则分类为权益工具的其他权益工具，并下设"优先股"和"永续债"两个项目，分别反映企业发行的分类为权益工具的优先股和永续债的账面价值。

3. 资本公积

从性质上讲，资本公积属于股东权益，有特定的使用流向，是一种"准资本"。资本公积是企业在非经营业务中产生的增值，在未按规定转增资本之前，既无期限又无利息。

根据资本公积的性质和内容，在分析时应注意了解资本公积的形成过程，关注其使用流向，进而分析公司权益资本的质量。资本供给增加的原因包括资本溢价和其他资本公积。新准则引入公允价值概念后，会出现大量的公允价值和账面价值的差额，这个差额体现在资本公积下的"其他资本公积"里。

资本公积减少的主要原因是转增资本（股本）。资本公积转增资本是公司内部权益资本结构的调整，即增加股本、减少资本公积。它既不是投入资本的实质性增加，也不属于利润分配。分析时应注意转增资本额度的确定，转增股本后的股数和新的股权比例情况，以及转增资本以后对未来收益的影响等。具体可通过转增股本前后的股本收益率、每股净资产等指标进一步加以分析。

4. 库存股

库存股是指已经认购缴款，由发行公司通过购入、赠予或其他方式重新获得，可供再行出售或注销之用的股票。库存股股票既不分配股利，又不附投票权，一般只限于优先股，并且必须存入公司的金库。

按照通常的财务理论，库存股亦称库藏股，是指由公司购回而没有注销，并由该公司持有的已发行股份。库存股在回购后并不注销，而由公司自己持有，在适当的时机再向市场出售或用于对员工的激励。简单地说，就是公司将已经发行出去的股票，从市场中买回，存放于公司，而尚未再出售或是注销。它的特性和未发行的股票类似，没有投票权或是分配股利的权利，而公司解散时也不能变现。

股份公司对于回购的股份，往往作为资本运作的一种方式，而库存股制度的建立对股份公司的股权结构调整和激励机制的安排有很大的作用。虽然我国已经建立了库存股制度，但与其他的国家和地区相比，我国的库存股无论在时间上还是用途上都存在很大的限制。库存股的分析因回购的目的不同而有所不同，具体可以根据我国《公司法》第143条所规定的公司可以回购本公司股份的几种情形来展开，如图5-4所示。

分析时应特别注意的是，公司在进行股票回购时有无操纵市场的嫌疑，公司的董事有无利用股份回购及再出售机制操控公司的股价，或当公司出于正当目的进行重大库存股运作前，公司董事个人或者其他内幕人员可能通过事先采取行动而从中获利。公司是否通过缩小股本规模而提高每股收益或者其他比率，营造其业绩较好的表象，使报表使用者以为其股份有价值等。

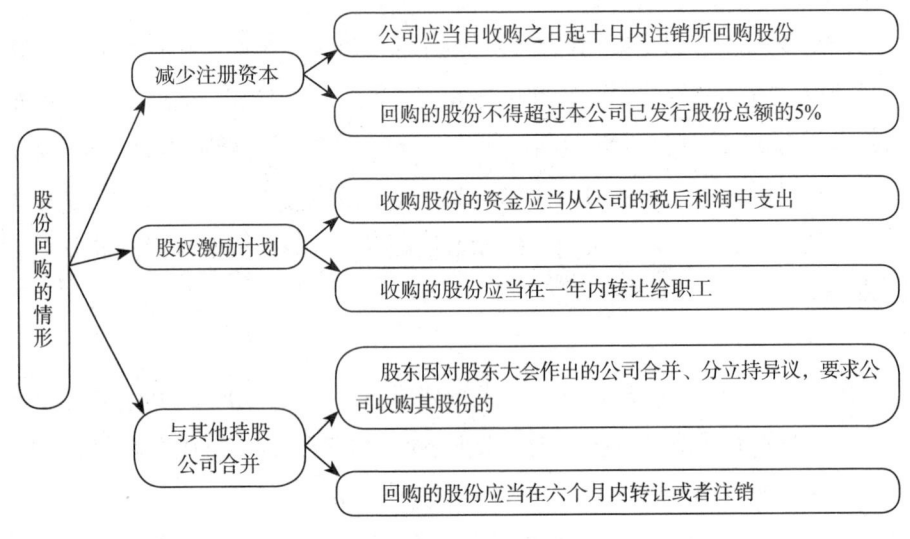

```
                    ┌─ 减少注册资本 ─┬─ 公司应当自收购之日起十日内注销所回购股份
                    │                └─ 回购的股份不得超过本公司已发行股份总额的5%
        股份回购的情形─┼─ 股权激励计划 ─┬─ 收购股份的资金应当从公司的税后利润中支出
                    │                └─ 收购的股份应当在一年内转让给职工
                    └─ 与其他持股   ─┬─ 股东因对股东大会作出的公司合并、分立持异议，要求公司收购其股份的
                       公司合并     └─ 回购的股份应当在六个月内转让或者注销
```

图5-4　股份回购的情形

5. 其他综合收益

其他综合收益是指企业根据企业会计准则规定未在损益中确认的各项利得和损失扣除所得税影响后的净额，是计入到所有者权益中的利得或损失。

对于其他综合收益的分析，应从以下方面分析：

（1）以公允价值计量且其变动计入其他综合收益的金融资产。

（2）确认按照权益法核算的在被投资单位其他综合收益中所享有的份额导致的其他资本公积的增加或减少。

（3）计入其他资本公积的现金流量套期工具利得或损失中属于有效套期的部分，以及其后续的转出。

（4）境外经营外币报表折算差额的增加或减少。

6. 专项储备

专项储备是生产企业提取的高危作业储备费用，可以买安全设备，支付相关工人工资，期末以余额列示。专项储备贷方表示计提的安全生产费，借方表示冲减的安全生产费。

7. 盈余公积

根据《公司法》等有关法规的规定，企业当年实现的净利润，一般应当按照如下顺序进行分配：

（1）提取法定公积金。公司制企业的法定公积金按照税后利润的10%的比例提取（非公司制企业也可按照超过10%的比例提取），在计算提取法定盈余公积的基数时，不应包括企业年初未分配利润。公司法定公积金累计额为公司注册资本的50%以上时，可以不再提取法定公积金。

公司的法定公积金不足以弥补以前年度亏损的，在提取法定公积金之前，应当先用当年利润弥补亏损。

（2）提取任意公积金。公司从税后利润中提取法定公积金后，经股东会或者股东大会决议，还可以从税后利润中提取任意公积金。非公司制企业经类似权力机构批准也可提取任意盈余公积。

（3）向投资者分配利润或股利。公司弥补亏损和提取公积金后所余税后利润，有限责任公司股东按照实缴的出资比例分配红利，但是，全体股东约定不按照出资比例分配红利的除外；股份有限公司按照股东持有的股份比例分配，但股份有限公司章程规定不按持股比例分配的除外。

股东会、股东大会或者董事会违反规定，在公司弥补亏损和提取法定公积金之前向股东分配利润的，股东必须将违反规定分配的利润退还公司。公司持有的本公司股份不得分配利润。

8. 未分配利润

未分配利润是企业留待以后年度进行分配的结存利润，也是企业所有者权益的组成部分。相对于所有者权益的其他部分来讲，企业对于未分配利润的使用分配有较大的自主权。从数量上来讲，未分配利润是期初未分配利润，加上本期实现的净利润，减去提取的各种盈余公积和分出利润后的余额。

对未分配利润的分析要注意了解未分配利润的增减变动总额、变动原因和变动趋势，尤其是分析由于净利润的变动对未分配利润的影响，同时应分析公司的利润分配政策对未分配利润的影响。

二、纵向项目分析

纵向项目分析如图 5-5 所示。

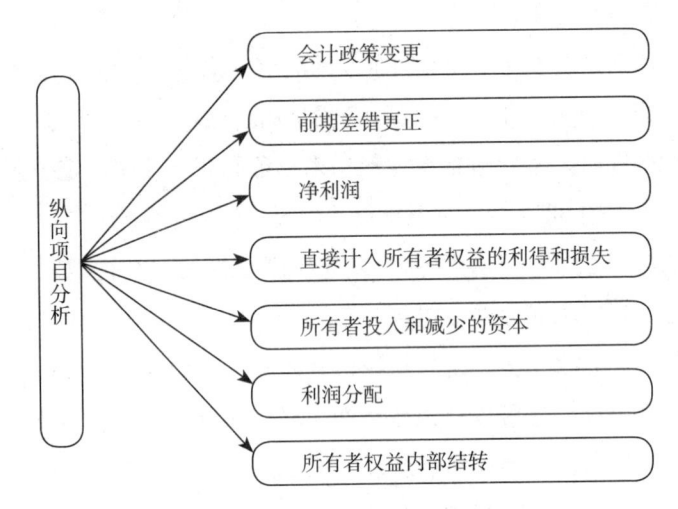

图5-5 所有者权益变动表纵向项目分析

1. 会计政策变更

会计政策变更，是指企业对相同的交易或者事项由原来采用的会计政策改用另一会计政策的行为，也就是说在不同的会计期间执行不同的会计政策。

为保证会计信息的可比性，使财务报表使用者在比较企业一个以上期间的财务报表时，能够正确判断企业的财务状况、经营成果和现金流量的趋势，我国企业会计准则规定，企业应当按照会计准则规定的原则和方法进行核算，各期采用的会计原则和方法应当保持一致。但是，也不能认为会计政策完全不能变更，一般情况下，企业采用的会计政策，在每一会计期间和前后各项应当保持一致，不得随意变更，除非法律法规或者会计制度等要求企业进行会计变更，或者有充分的理由使得变更后的会计信息质量更高。

对于会计政策变更的分析，投资者要仔细阅读和分析附注中关于会计政策变更的性质、内容和原因，同时也要关注当期和前期财务报表中因会计政策变更而受到影响的项目的名称和调整金额。

2. 前期差错更正

前期差错，是指由于没有运用或错误运用下列两种信息，而对前期财务报表造成省略或错报：编报前期财务报表时预期能够取得并加以考虑的可靠信息；前期财务报告批准报出时能够取得的可靠信息。

前期差错通常包括计算错误、应用会计政策错误、疏忽或曲解事实以及舞弊产生的影响，以及存货、固定资产盘盈等。对于前期差错更正的分析，报表使用者要仔细阅读和分析附注中关于企业披露的、与前期差错更正有关的信息，如前期差错的性质、各个报告期财务报表中受影响的项目的名称和调整金额，以及这些调整对该期财务成果的影响。

常见的会计差错主要有以下几个方面：

（1）采用法律或会计准则等行政法规、规章所不允许的会计政策。例如，按照我国会计制度规定，为购建固定资产而发生的借款利息费用，在固定资产尚未交付使用前发生的，应予以资本化，计入所购建固定资产的成本；在固定资产交付使用后发生的，计入当期损益。如果企业固定资产已交付使用后发生的借款费用也计入该项固定资产的价值，予以资本化，则属于企业采用法律或会计准则等行政法规、规章所不允许的会计政策。

（2）对事实的忽视和误用。例如，企业对某项建造合同应按建造合同规定的方法确认营业收入，但该企业按确认商品收入的原则确认收入。

（3）账户分类以及计算错误。例如，企业购入的5年期国债，意图为长期持有，但在记账时记入了交易性金融资产（短期投资），导致账户分类上的错误，并导致资产负债表上的流动资产和长期投资的分类也有错误。

（4）会计估计错误。例如，企业在估计某项固定资产的预计使用年限时，多估计或少估计预计使用年限，而造成会计估计错误。

（5）划分收益性支出与资本性支出出现差错。例如，工业企业发生的管理人员的工资一般作为收益性支出，直接计入当期损益，而发生的工程人员的工资一般作为资本性支出。如果企业将发生的工程人员的工资计入了当期损益，则属于资本性支出与收益性支出的划分错误。

（6）漏记已完成的交易。例如，企业销售一批商品，商品已发出，并开出增值税专用发票，商品销售收入确认的条件均已满足，但企业在期末未将已实现的销售收入入账。

（7）提前确认未实现的收入。例如，在采用委托代销销售方式下，企业应在收到代销单位的代销清单时，确认其营业收入的实现，如企业在发出委托代销商品时即确认收入，则为提前确认尚未实现的收入。

3. 净利润

本期净利润是本期的收益情况，是利润表中各种收入扣除成本费用后的余额。

4. 直接计入所有者权益的利得和损失

直接计入所有者权益的利得和损失，是指不应计入当期损益、会导致所有者权益发生变动的、与所有者投入资本或者向所有者分配利润无关的利得和损失，主要包括可供出售金融资产的公允价值变动额、权益法下被投资单位其他所有者权益变动的影响额、与计入所有者权益项目相关的所得税影响额等。利得是指由企业非日常活动所形成的、会导致所有者权益增加的且与所有者投入资本无关的经济利益的流入。企业的利得一般包含两种类型，一种利得是直接计入所有者权益的，也就是资本公积；另一种利得是直接计入当期损益，也就是营业外收入。企业的损失有直接计入所有者权益的，也有直接计入当期损益，也就是说，有的损失冲减资本公积，有的损失则计入营业外支出。

5. 所有者投入和减少的资本

该项目反映了某一会计期间企业的所有者新增投入的情况，包括新增发股票、发行股票股利等。

6. 利润分配

该项目反映了某个会计期间企业利用当期的税后利润进行的提取盈余公积、提取风险准备金及分配股利等。通过该项目的分析，投资者可以了解企业的利润分配情况，判断企业的分配政策，估计企业的分配能力。

7. 所有者权益内部结转

所有者权益变动表中的"所有者权益内部结转"项目反映了企业所有者权益各项目的内部结构变动情况，如利用资本公积转增资本、利用盈余公积转增资本、利用盈余公积弥补亏损等。要注意的是，无论该项目的各组成部分如何变动，只能影响所有者权益的结构而无法使其总额发生改变。

第三节　从所有者权益变动表看利润分配

利润分配，是将企业实现的净利润，按照国家财务制度规定的分配形式和分配顺序，在国家、企业和投资者之间进行的分配。利润分配的过程与结果，是关系到所有者的合法权益能否得到保护，企业能否长期、稳定发展的重要问题，为此，企业必须加强利润分配的管理和核算。企业利润分配的主体一般有国家、投资者、企业和企业内部职工；利润分配的对象主要是企业实现的净利润；利润分配的时间即确认利润分配的时间是利润分配义务发生的时间和企业作出决定向内向外分配利润的时间。

利润分配的顺序根据《中华人民共和国公司法》等有关法规的规定，企业当年实现的净利润，一般应按照下列内容、顺序和金额进行分配：企业实现的利润总额按国家规定做相应调整后，应先依法缴纳所得税，利润总额减去缴纳所得税后的余额即为可供分配的利润。除国家另有规定者外，可供分配的利润按图5-6顺序分配。

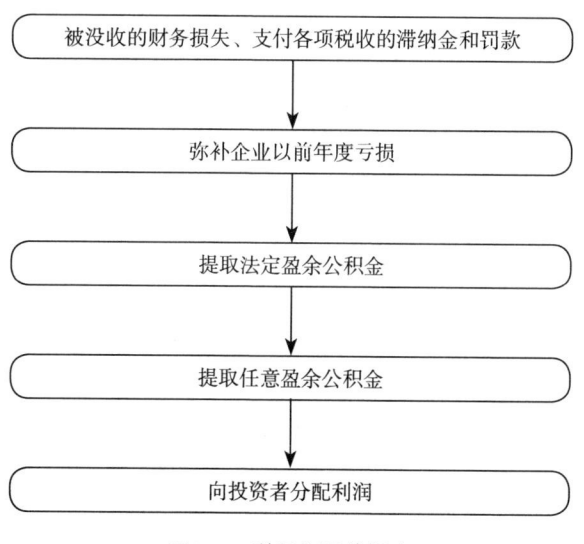

```
被没收的财务损失、支付各项税收的滞纳金和罚款
              ↓
       弥补企业以前年度亏损
              ↓
         提取法定盈余公积金
              ↓
         提取任意盈余公积金
              ↓
          向投资者分配利润
```

图5-6　利润分配的顺序

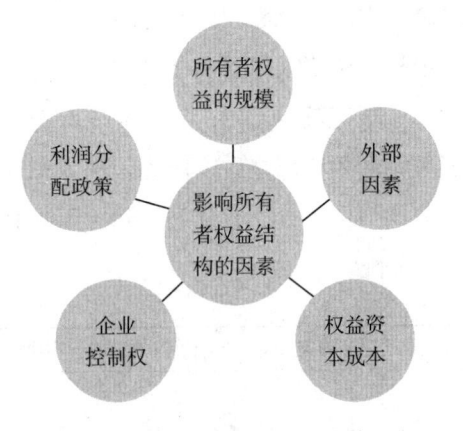

第四节　影响所有者权益结构的因素

所有者权益结构分析是指所有者权益的各项目金额占所有者权益总额的比重，它反映了企业所有者各项目的分布情况，揭示了企业的经济实力和风险承担能力。此外，由于所有者权益中的盈余公积和未分配利润都属于留存收益，是企业税后利润分配的结果，因此，所有者权益结构分析也能反映出企业的内部积累能力，间接反映企业的经营情况。影响所有者权益结构的因素有以下几方面，如图5-7所示。

图5-7　影响所有者权益结构的因素

第五节　所有者权益变动表的缺陷

现行所有者权益变动表在设计形式上一改以往仅仅按照所有者权益各组成部分反映所有者权益变动的情况，而是以矩阵的形式列报，既反映导致所有者权益变动的交易或事项，即按照所有者权益变动的来源对一定时期所有者权益变动情况进行全面反映，同时按照所有者权益各组成部分及其总额列示交易或事项对所有者权益的影响。但在设计方式全面创新的同时也出现了一些问题，比如内容上的混乱，分类上的不合理等，如图5-8所示。

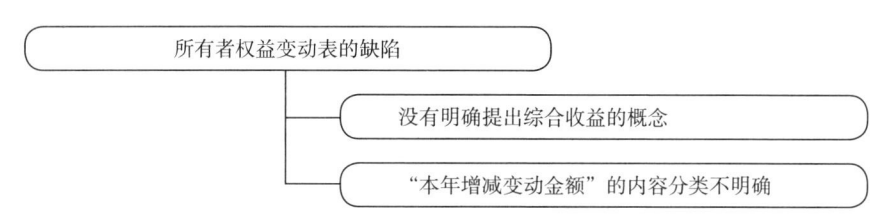

```
所有者权益变动表的缺陷 ─┬─ 没有明确提出综合收益的概念
                        └─ "本年增减变动金额"的内容分类不明确
```

图5-8　所有者权益变动表的缺陷

第六章
不可轻视报表附注
——会计报表附注分析

如果您接触企业的财务会计报告，您将发现，四大报表所占的篇幅并不大，占地最大的是会计报表附注。既然用这么多的篇幅来写附注，可见附注对于报表阅读者的重要性。如果说四大财务报表是对企业的财务状况、现金流量、经营成果的整体反映，那么报表附注就是对这些信息的解释。而且报表附注还披露了一些报表中未能见到的信息，而这些信息可能对我们的决策有着重要的作用。

通过本章的学习，您将了解到附注中都披露了些什么问题，懂得如何阅读报表附注，如何分析报表附注的相关项目。

第一节 会计报表附注概述

一、会计报表附注的含义

按照我国《企业财务会计报告条例》规定，财务会计报告由会计报表、会计报表附注和财务状况说明书构成。所谓会计报表附注，是为便于会计报表使用者了解会计报表的内容而对会计报表的编制基础、编制依据、编制原则和方法及主要项目等所作的解释。

会计师编制公司会计报表与财务分析的工作程序恰好相反，如图6-1所示。

编制会计报表工作程序

会计凭证　明细日记账　会计科目账　会计分类账　会计报表

财务分析工作程序

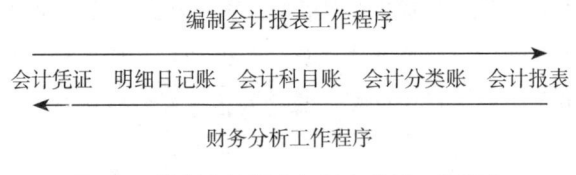

图6-1　编制会计报表与财务分析工作程序

会计报表附注能够提供上市公司会计报表真实程度的依据或线索。会计报表附注越详细，我们判断上市公司会计报表反映其财务状况及经营成果和现金流量情况真实程度的依据或线索就越多。

二、会计报表附注的作用

会计是对企业经济活动的反映和监督，而这种反映与监督是通过一定会计处理方法（会计政策）包括对会计要素的确认、计量、记录和报告来完成的。而会计报表附注就是按照政府有关法律法规的要求，以一定的方式向会计信息使用者提供企业会计政策的揭示，这种揭示包括财务揭示和非财务揭示。它可能是定性化方式的说明、事实或意见，也可能是以货币计量定量化方式的信息项目。企业的会计报表附注是一个非常重要的信息披露内容，没有会计报表附注，会计报表本身就没有实用价值，如图6-2所示。

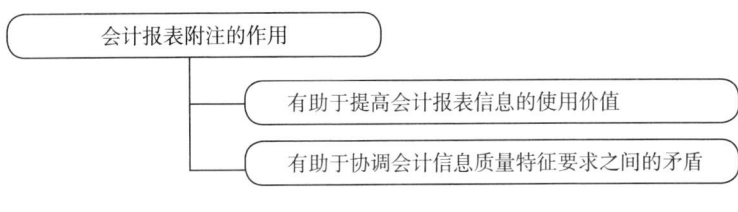

```
会计报表附注的作用 ─┬─ 有助于提高会计报表信息的使用价值
                    └─ 有助于协调会计信息质量特征要求之间的矛盾
```

图6-2 会计报表附注的作用

三、会计报表附注的主要内容

财务报表附注是为了便于财务报表使用者理解会计报表的内容，而对会计报表的编制基础、编制依据、编制原则、编制方法及报表重要项目等所做的解释和补充说明，是财务决算报告的重要组成部分。

由于目前企业所执行的会计核算制度不同，企业可根据本企业所执行的会计核算制度，选择披露相关报表项目。依据国家有关财务会计法规等规定，企业财务报表附注至少应该披露如下相关内容：

1.企业的基本情况

包括企业注册地、组织形式和总部地址；企业的性质及主要经营活动；母公司以及集团最终母公司的名称；财务报告的批准报出者和财务报告批准报出日。

2.财务报表的编制基础

企业财务报告的编制以持续经营为基础还是以清算为基础，一般情况下，正常经营的企业的财务报表的编制都是以持续经营为基础。

3.重要会计政策和会计估计的说明

（1）不符合会计核算前提的说明。一般认为，会计假设是会计核算的前提条件，基于会计核算而编制的会计报表一般也是以基本会计假设为前提的。由于公司所处的社会经济环境极其复杂，会计人员有必要对会计核算所处的变化不定的经济环境作出判断。只有规定了会计核算的前提条件，会计核算才得以正常进行下去，才能据以选择会计处理方法。会计核算的基本前提，即基本会计假设，包括会计主体假设、持续经营假设、会计分期假设和货币计量假设四项。编制会计报表一般都以基本会计假设为前提，会计报表使用者不会有任何误解，所以在一般情况下不需要加以说明。但如果编制的会计报表未遵循基本会计假设，则必须予以说明，并解释这样做的理由。

（2）重要会计政策和会计估计的说明。《国际会计准则1——会计政策说明》中要求对会计政策的说明包括下列内容。综合性会计政策：合并政策、外币核算、全面估价政策（历史成本、一般购买力、重置价值）、资产负债表日以后发生的事项、租赁、分期付款购买和有关利息、税务、长期合同、特许权。资产：应收账款、存货（库存和在产品）和有关销货成本、应计折旧资产和折旧、生长中作物、开发用地及有关的开发费用、投资研究和开发费、专利权和商标权、商誉。负债：预付保单、承诺事项和或有事项、退休金费用和退休办法、解职费及多余人员津贴。损益：确认收入的方法、维护费、维修费和改良费，处理财产的损益。我国《企业会计制度》对会计报表附注中会计政策的说明基本上是依据《国际会计准则1——会计政策说明》。例如，存货取得时和发出时分别采用什么方法进行核算；企业在什么条件下确认营业收入的实现，等等。

会计估计是指企业对其结果不确定的交易或事项以最新可利用的信息为基础所做的判断。例如，各个公司对应收款项可能产生的坏账风险进行估计，并计提一定比例的坏账准备金，这种处理就属于会计估计。

（3）重要会计政策和会计估计变更的说明，以及重大会计差错更正的说明。公司采用的会计政策应当前后一致，不应随意变动，以保持连续性，便于报表的使用者前后各期相互比较。若公司认为采用新政策能使公司会计报表中对事项或交易的编报更为恰当，则可以对以往采用的会计政策作出某些变更。按照国际会计准则，如果会计政策对本期或已列报的以前各期有重大影响，或可能对以后期间有重大影响，则公司应披露如下内容：变更的原因；已在本期净损益中确认的调整金额；已列报的资料各期所包括的调整金额以及有关前期已包括在会计报表中的调整金额。如果列报的资料不具有可操作性，这个事实应予披露。主要包括以下事项：会计政策变更的内容和理由；会计政策变更的影响数；累积影响数不能合理确定的理由；会计估计变更的内容和理由；会计估计变更的影响数；会计估计变更的影响数不能合理确定的理由；重大会计差错的内容；重大会计差错的更正金额。

4.或有事项的说明

在公司持续经营期，经营会产生一些或有事项。所谓或有是指公司的收益或损失并不确定，"或有或无"，只能在未来发生或不发生某个或某几个事件时，才能得到证实。比如公司现在正有一个未决诉讼，如果败诉，可能将赔款 100 万元，这就是或有事项。

常见的或有事项有：①应收账款有可能无法收回。②公司对售后商品提供担保。③已贴现票据可能发生追索。④为其他企业债务提供担保。⑤待决诉讼。⑥公司因损坏另一方的财产而可能发生赔偿。⑦由于污染了环境而可能发生治污费或可能支付的罚金。⑧在发生税收争议时，有可能补交税款或获得税款返还。

公司在会计报表附注中对或有事项加以披露时，应当说明以下内容：①或有事项的性质。②影响或有事项未来结果的不确定因素。③或有损失和或有收益的金额。如果无法估计或有损失和或有收益的金额，则应当说明不能作出估计的原因。

5.资产负债表日后事项的说明

资产负债表日后事项，是指自年度资产负债表日后至会计报表批准报出日之间发生的需要调整或说明的事项。资产负债表日后事项可分为两类：一是对资产负债表日存在的情况提供进一步证据的事项，可称为调整事项；二是资产负债表日后才发生的事项，可称为非调整事项。只有非调整事项才应在会计报表附注中加以说明。

资产负债表日后事项中的调整事项必须是：在资产负债表日或以前已经存在，资产负债表日后得以证实的事项；对按资产负债表日存在状况编制的会计报表产生影响的事项。对于调整事项，不仅要调整会计报表上的有关数据，而且需作出有关的账务处理。

资产负债表日后新发生的事项，其事项不涉及资产负债表日存在状况，但如不加以说明将会影响会计报表使用者作出正确的估计和决策，这类事项作为非调整事项。资产负债表日后的非调整事项必须是：资产负债表日并不存在，完全是期后新发生的事项；对理解和分析会计报表有重大影响的事项。对于非调整事项，由于其对资产负债表日存在状况无关，故不应调整资产负债表日编制的会计报表，应在会计报表附注中说明事项的内容和对财务状况、经营成果的影响；如无法估计其影响，应当说明无法估计的理由。

6.关联方关系及其交易的说明

关联方，国际会计准则中将其定义为"在财务或经营决策中，如果一方有能力控制另一方或对另一方施加重大影响，则认为他们是关联方。"按规定，当关联方之间存在控制和被控制时，无论关联方之间有无交易，均应在会计报表附注中披露企业经济性质、类型、名称、法定代表人、注册地、注册资本及其变化、企业的主营业务、所持股份或权益及其变化。当存在共同控制、重大影响时，在没有发生交易的情况下，可以不披露关联方关系；在发生交易时，应当披露关联方关系的性质。主要披露的内容有：

（1）存在控制关系的情况下，关联方如为企业时，不论他们之间有无交易，都应说明如下事项：企业经济性质或类型、名称、法定代表人、注册地、注册资本及其变化；企业的主营业务；所持股份或权益及其变化。

（2）在企业与关联方发生交易的情况下，企业应说明关联方关系的性质、交易类型及其交易要素，这些要素一般包括：交易的金额或相应比例；未结算项目的金额或相应比例；定价政策（包括没有金额或只有象征性金额的交易）。

（3）关联方交易应分列关联方以及交易类型予以说明，类型相同的关联方交易，在不影响会计报表使用者正确理解的情况下可以合并说明。

（4）对于关联方交易价格的确定如果高于或低于一般交易价格的，应说明其价格的公允性。

7.重要资产转让及其出售的说明

8.企业合并、分立的说明

9.财务报表重要项目的说明

企业对报表重要项目的说明，应当按照资产负债表、利润表、现金流量表、所有者权益变动表及其列示顺序，采用文字和数据相结合的方式进行披露。主要包括：

（1）应收款项及计提坏账准备的方法。①说明坏账的确认标准、坏账准备的计提方法和计提比例，并重点说明如下事项：本年度全额计提坏账准备，或计提坏账准备的比例较大的（计提比例一般超过40%及以上的，下同），应单独说明计提的比例及其理由；以前年度已全额计提坏账准备，或计提坏账准备的比例较大的，但在本年度又全额或部分收回的，或通过重组等其他方式收回的，应说明其原因，原估计计提比例的理由，以及原估计计提比例的合理性；对某些金额较大的应收款项不计提坏账准备，或计提坏账准备比例较低（一般为5%或低于5%）的理由；本年度实际冲销的应收款项及其理由，其中，实际冲销的关联交易产生的应收款项应单独披露。②应收款项还应列表按账龄、坏账准备和应收账款净额等分别进行披露。

（2）存货核算方法。①说明存货分类、取得、发出、计价以及低值易耗品和包装物的摊销方法，计提存货跌价准备的方法以及存货可变现净值的确定依据。②存货还应列表按类别等分别进行披露。

（3）投资的核算方法。①说明当期发生的投资净损益，其中重大的投资净损益项目应单独说明；说明短期投资、长期股权投资和长期债权投资的期末余额，其中长期股权投资中属于对子公司、合营企业、联营企业投资的部分，应单独说明；说明当年提取的投资损失准备、投资的计价方法，以及短期投资的期末市价；说明投资总额占净资产的比例；采用权益法核算时，还应说明投资企业与被投资单位会计政策的重大差异；说明投资变现及投资收益汇回的重大限制；说明股权投资差额的摊销方法、债券投资溢价和折价的摊销方法，以及长期投资减值准备的计提方法。②短期投资和长期投资还应列表按投资类别等分别进行披露。③对于长期股票投资还应按股票类别、股票数量、占被投资单位的股权比例和初始投资成本等列表进行披露。④对于长期债券投资还应按债券种类、面值、年利率、初始投资成本、到期值、本期利息、累计应收或已收利息等列表进行披露。

（4）固定资产计价和折旧方法。①说明固定资产的标准、分类、计价方法和折旧方法，各类固定资产的计划使用年限、预计净残值率和折旧率，如有在建工程转入、出售、置换、抵押和担保等情况的，应予以说明。②固定资产还应列表按类别、原价、累计折旧、净值等分别进行披露。

（5）无形资产的计价和摊销方法。①说明无形资产的标准、分类、计价方法和摊销方法，各种无形资产的摊销年限，如有置换、抵押和担保等情况的，应予以说明。②无形资产还应列表按种类、实际成本、期初余额、本期增加数、本期转出数、本期摊销数、期末余额等分别进行披露。

（6）长期待摊费用的摊销方法。对于长期待摊费用应说明种类、形成原因、摊销期间，并列表按种类、期初余额、本期增加数、本期摊销数、期末余额等进行披露。

10.收入的确认

说明当期确认的下列各项收入的金额：销售商品的收入；提供劳务的收入；利息收入；使用费收入；本期分期收款确认的收入。

11.所得税的会计处理方法

说明所得税的会计处理是采用应付税款法，还是采用纳税影响会计法；如果采用纳税影响会计法，应说明是采用递延法还是债务法。

12.合并会计报表的说明

说明合并范围的确定原则；本年度合并报表范围如发生变更，企业应说明变更的内容、理由。

13.有助于理解和分析财务报表需要说明的其他事项

第二节　分析会计报表附注寻找调查分析重点

在分析上市公司的会计报表之前，我们应该先阅读和分析会计报表附注。在分析会计报表的过程中，我们需要不断结合会计报表附注分析、寻找辨别会计报表真实程度的调查分析重点。

一、分析的程序

会计报表附注的第一部分是公司的基本情况；第二部分是公司所采用的主要会计处理方法、会计处理方法的变更情况、变更原因，以及对财务状况和经营成果的影响；第三部分是控股子公司及合营企业的基本情况；第四部分是会计报表主要项目注释；第五部分是其他事项的说明，如图6-3所示。

```
财务报表附注分析程序 ─┬─ 分析公司基本情况，关注上市公司的历史和主营业务
                      ├─ 关注会计处理方法对利润的影响
                      ├─ 分析子公司对总利润的影响程度
                      ├─ 分析会计报表重要项目的明细资料
                      └─ 关注上市公司其他重要事项的说明
```

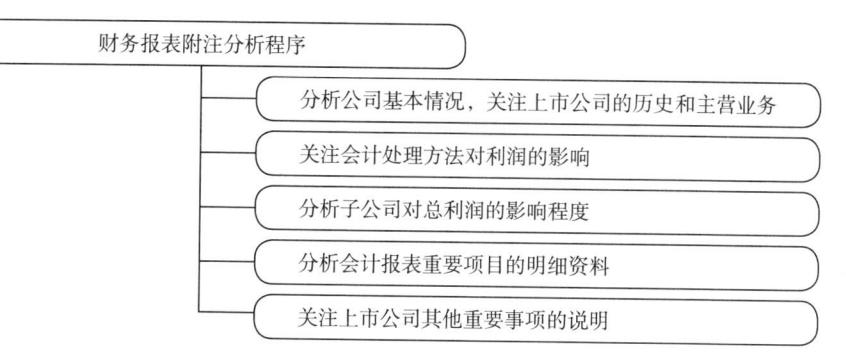

图6-3　财务报表附注分析程序

二、关注会计报表附注分析提供的线索

在会计报表附注分析中，我们可以寻找到辨别会计报表反映公司财务状况及经营成果和现金流量情况真实程度的有用线索。在本书以后论述的静态分析、趋势分析、同业比较、基本面分析和现场调查中，我们都需要利用会计报表附注分析提供的线索。会计报表附注作为会计报表的一部分，其分析可归纳为三个方面，即财务状况分析、盈利能力分析和资产管理效率分析。

1.财务状况分析

在对财务状况进行分析时，重点应落在分析企业的财务弹性上。财务弹性是企业在面临突发事件而产生现金需求时，作出有关反应的能力。现代企业处于一个越来越不确定的经济环境之中，从而会面临更多的突发事项，需要应付更多的突发现金需求。通过会计报表附注可以从以下几个方面分析企业的财务弹性：①未使用的银行贷款指标。②可能迅速转化为现金的长期资产的有关状况，可用非经营性资产所占的比重来衡量。③企业的长期债务状况。④或有事项和担保。

2.盈利能力分析

在对企业盈利能力进行评价时，重点是对企业的盈利进行预测。盈利预测信息能够帮助会计报表使用者评价企业未来现金流量的时间、金额和不确定性，从而作出合理的经济决策。利用会计报表附注，可以更准确地了解企业经营活动的性质、经营活动的财务影响，认清企业发展的趋势；可通过了解企业的未来发展计划，了解企业生产经营的总目标、影响企业目标的内外

部因素和为实现总目标可采取的措施及可能的风险。

3.资产管理效率分析

在对资产管理效率进行分析时,利用会计报表附注可更深入地揭示企业各项资产管理效率高低的内外部原因以及预测企业未来资产管理情况。

第三节 相关项目的解读

一、会计政策、会计估计变更和会计差错更正的分析

会计政策变更,是指企业对相同的交易或事项由原来采用的会计政策改用另一会计政策的行为。为保证会计信息的可比性:使会计报表使用者在比较企业一个以上期间的会计报表时,能够正确判断企业的财务状况、经营成果和现金流量的趋势,一般情况下,企业应在每期采用相同的会计政策,不应也不能随意变更会计政策。否则,势必削弱会计信息的可比性,使报表使用者在比较企业的经营业绩时发生困难。但是,按照《中华人民共和国会计法》规定,在特定情况下会计政策可以变更,即符合下列条件之一,如图6-4所示,企业应改变原采用的会计政策。

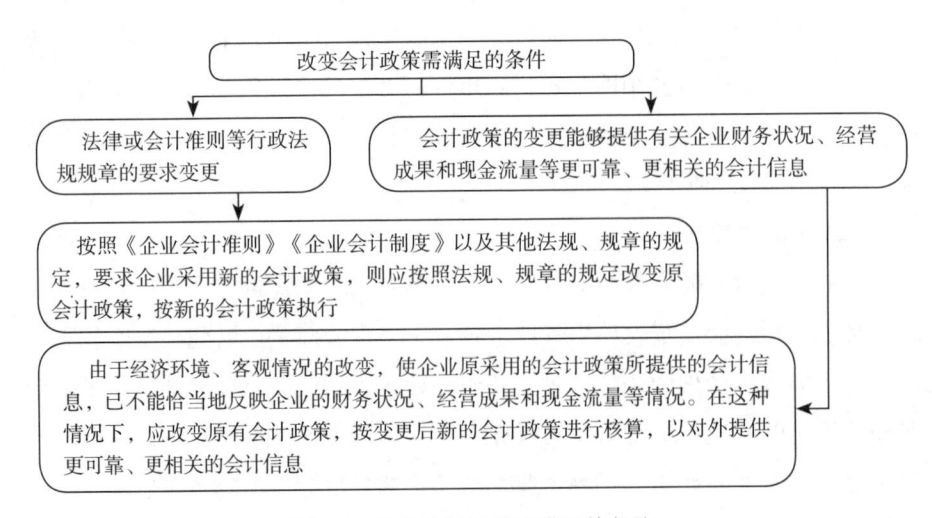

```
                    ┌─────────────────────────┐
                    │ 改变会计政策需满足的条件 │
                    └───────────┬─────────────┘
              ┌─────────────────┴─────────────────┐
  ┌───────────┴───────────┐         ┌─────────────┴──────────────────┐
  │ 法律或会计准则等行政法 │         │ 会计政策的变更能够提供有关企业 │
  │ 规规章的要求变更       │         │ 财务状况、经营成果和现金流量等 │
  │                       │         │ 更可靠、更相关的会计信息       │
  └───────────┬───────────┘         └────────────────────────────────┘
              ↓
  ┌───────────────────────────────────────────────────────────┐
  │ 按照《企业会计准则》《企业会计制度》以及其他法规、规章的规 │
  │ 定,要求企业采用新的会计政策,则应按照法规、规章的规定改变原 │
  │ 会计政策,按新的会计政策执行                               │
  └───────────────────────────────────────────────────────────┘

  ┌───────────────────────────────────────────────────────────┐
  │ 由于经济环境、客观情况的改变,使企业原采用的会计政策所提供 │
  │ 的会计信息,已不能恰当地反映企业的财务状况、经营成果和现金流 │
  │ 量等情况。在这种情况下,应改变原有会计政策,按变更后新的会计 │
  │ 政策进行核算,以对外提供更可靠、更相关的会计信息           │
  └───────────────────────────────────────────────────────────┘
```

图6-4 改变会计政策需满足的条件

二、或有事项的分析

或有事项是过去的交易或事项形成的一种状况，其结果须由未来不确定事件的发生或不发生加以证实。常见的或有事项有：商业票据背书转让或贴现、未决诉讼、未决仲裁、产品质量保证等。或有事项可分为或有负债和或有资产：或有负债若确认为负债，则需确认支出，不确认为负债时只需做相关说明；或有资产不记入收益。但是或有负债确认为负债时，所确认支出仅是估计值，不确认为负债时不必披露金额，投资者需对或有事项发生的可能性及金额予以估计。

对于未决诉讼和仲裁事项，投资者需要考虑若败诉对公司现金流量、生产经营的影响和胜诉时款项收回的可能性，还要特别关注担保金额较大的公司。

或有事项指编表日已经存在但有较大的不确定性，其最终的结果有赖于未来的各种因素决定的事项（如未决诉讼、已贴现票据可能发生追索、为其他企业的贷款担保等）。或有事项包括或有损失和或有收益两种。对于或有损失（如未决诉讼中可能发生的败诉），根据稳健性原则应在附注中充分披露；对于或有收益（如未决诉讼中可能发生的胜诉），则一般不需在附注中说明，如果属极有可能发生的或有收益，则可在附注中根据谨慎性原则以适当的方式予以披露。

投资者在看或有事项的时候要小心谨慎，其中主要步骤有五步，如图6-5所示。

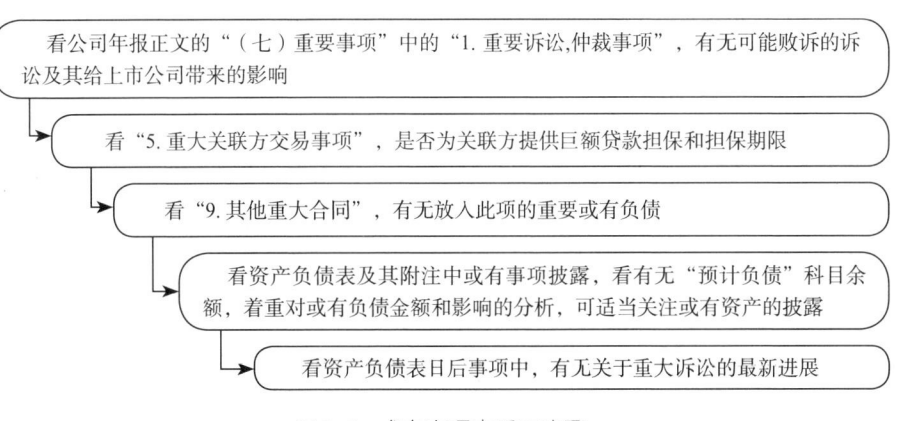

- 看公司年报正文的"（七）重要事项"中的"1.重要诉讼,仲裁事项"，有无可能败诉的诉讼及其给上市公司带来的影响
- 看"5.重大关联方交易事项"，是否为关联方提供巨额贷款担保和担保期限
- 看"9.其他重大合同"，有无放入此项的重要或有负债
- 看资产负债表及其附注中或有事项披露，看有无"预计负债"科目余额，着重对或有负债金额和影响的分析，可适当关注或有资产的披露
- 看资产负债表日后事项中，有无关于重大诉讼的最新进展

图6-5 或有事项查看五步骤

> **案例分析**

　　ST陵光600629，2019年净资产1.2亿元，亏损4 000万元。或有事项同时在"重大诉讼、担保事件""关联方交易"以及报表附注中披露，其中为控股股东提供担保金额9 498万元，为子公司提供担保金额4.17亿元，为外界担保金额5 730万元。其中因被担保公司逾期未还款而被起诉所涉及的金额达4.8亿多元，在"资产负债表日后事项"中披露，诉讼判决书判定立刻清偿的金额为950万元。也就是说，公司的净资产远远不够清偿担保的负债，财务风险急剧膨胀，投资者面临很大的风险。

　　从上面的分析可以看出，或有事项中的陷阱多多，投资者需要冷静地分析，识别出企业的潜在风险。

三、资产负债表日后事项分析

　　这类事项在资产负债表日后才发生或存在，它不影响资产负债表日的存在状况，不需对资产负债表日编制的会计报表进行调整，但由于事项重大，如不加以说明，会影响会计报表使用者对会计报表的理解，进而将影响报表使用者的决策。例如，企业发行新的股票或债券；企业对另一企业进行巨额投资；由于自然灾害导致的资产损失；外汇汇率发生较大变动；董事会决定发放股票股利等。

　　至于资产负债表日后发生的、有助于对资产负债表日存在状况的金额作出重新估计的调整事项（如已证实资产发生了减损、销售退回，已确定获得或支付的赔偿），则应调整资产负债表日的会计报表。

　　通常情况下，企业会计核算应当建立在持续经营基础上，其对外提供的财务报告也应当以持续经营为基础进行编制。如果资产负债表日后事项表明持续经营不再适用的，则企业不应当在持续经营基础上编制财务报告。

　　在理解资产负债表日后事项的会计处理时，还需要明确以下两个问题：第一，如何确定资产负债表日后某一事项是调整事项还是非调整事项，是对资产负债表日后事项进行会计处理的关键。调整和非调整事项是一个广泛的概念，就事项本身而言，可以有各种各样的性质，只要符合企业会计准则中对这两类事项的判断原则即可。另外，同一性质的事项可能是调整事项，也可能是非调整事项，这取决于该事项表明情况是在资产负债表日或是资产负债表日以前已经存在或发生，还是在资产负债表日后才发生的。第二，企业会计准则以列举的方式说明了资产负债表日后事项中，哪些属于调整事项，哪些属于非调整事项，但并没有列举详尽。实务中，会计人员应按照资产负债表日后事项的判断原则，确定资产负债表日后发生的事项中哪些属于调整事项，哪些属于非调整事项。

四、关联方及其交易的分析

关联方及其交易的分析是指通过检查关联方关系和关联方交易的有关资料，以确认会计报表附注中披露的相关信息是否公允、合法、完整。关联方交易是指在关联方之间转移资源或义务的事项，而不论是否收取价款。我国企业上市改制是产生关联方交易的重要原因，由此产生了四种关联方交易关系：

第一，以股权为纽带，形成控股关系。
第二，以购销为纽带，形成购销依赖关系。
第三，以资金为纽带，形成资金借贷或担保关系。
第四，以人事为纽带，形成人事交叉关系。

由于企业上市前资产"剥离"得不彻底，股份公司与集团公司之间普遍存在同业竞争现象，在原材料采购、产品销售业务中，存在着大量的关联购销业务。关联购销为什么如此受推崇？原因就在于它迎合了某些上市公司粉饰业绩的需要。某些上市公司为了美化财务报表，将其产品向关联企业大量销售，并通过应收账款进行结算。这样，对上市公司来说，可以增加主营业务收入和利润，而对关联企业来说，实际上并没有支付款项，所购入的大量产品只是以存货形式沉淀在资产负债表中，对自身利润并没有多少影响。

案例分析

2005年4月底，重庆实业（以下简称重实）以每股亏损14.08元创下历年来股市单股亏损新高。该公司2004年年报的合并资产减值准备表显示，共计提了6.6亿元的减值准备，其中由于德隆事件计提资产减值准备共6.3亿元，加上计提的预计负债，德隆事件对重实净利润的影响为-9.5亿元左右。然而，这9.5亿元的利润是如何在一年内蒸发殆尽的呢？分析重实2001～2003年年报可以发现，一直以来，公司披露的前四大股东皆为北京中经四通、重庆皇丰实业、上海万浦精细和上海华岳投资（其中，前两家从2000年开始就是公司的前两大股东），并且声称它们之间"不存在关联关系"，但事实并非如此。根据重实在2004年6月发布的2003年报补充公告，这前四大股东全部为德隆国际控制的子公司。也是在这份迟到了多年的补充公告中，重实承认"德隆派出的人员占据了我公司董事会大多数席位，德隆已实际控制我公司董事会"。深交所在2004年7月，对重实这一"隐瞒关联关系"的行径进行了公开谴责。

又是在短短一年的时间内，重实向德隆系其他企业的担保、投资和资金输送总额达8.7亿元——不仅挥霍了4亿元的贷款，而且付出了4.7亿元的自有资金。然而，相对于德隆系的资金黑洞，这些开支无异于石沉大海。这直接导致了2004年6.3亿元减值准备和3.2亿元预计负债的计提。一家上市公司就这样轻易地被它的"穷亲戚们"掏空了。

类似重实这样隐瞒关联关系，通过关联交易、贷款担保进行利益输送的上市公司在我国资本市场上为数甚众。在监管方面，中国证监会于2003年8月发布的《关于规范上市公司与关联方资金往来及上市公司对外担保若干问题的通知》，对规范上市公司与控股股东及其他关联方资金往来、控制上市公司对外担保风险等内容做出规定。而对投资者、注册会计师和监管者而言，隐性关联交易都是一颗毒瘤。在会计报表附注的分析中，对这一问题不容忽视。

五、其他重要事项分析

1.分析税赋减免对利润的影响程度

上市公司需要承担的税金及附加将影响营业利润，其他税金还将对净利润产生影响。上市公司税收优惠政策会引起各年上缴税额变动，投资者应该对此进行分析，找出企业利润对税收减免的依附程度，并且应该关注税收优惠政策的变化，并考虑所得税减免优惠撤销时对总利润是否会产生重大影响。

2.分析子公司对总利润的影响程度

一家上市公司可以有多家子公司和关联企业，各家子公司对总公司利润贡献、盈利能力影响都不同。分析上市公司子公司和关联企业基本情况，可以找出对公司经营活动和盈利能力影响较大的子公司和关联企业，并作出重点调查和分析。

3.对重要项目明细说明

这些重要项目以附有八项减值准备的项目为主，如应收账款、存货、对外投资、固定资产、无形资产、长期待摊费用等。如果这些项目没有说明，或说明笼统，应引起警觉。另外，对少见的财务报表项目或报表项目的名称反映不出相关业务性质或报表项目金额异常的，需要说明其原因。例如，当企业资产或负债项目的余额出现负数时，或者固定资产原值的金额很小时，企业需要对有关的报表项目作出注释。

第四节 会计报表附注信息披露的现存问题

会计报表附注信息披露的现存问题如图 6-6 所示。

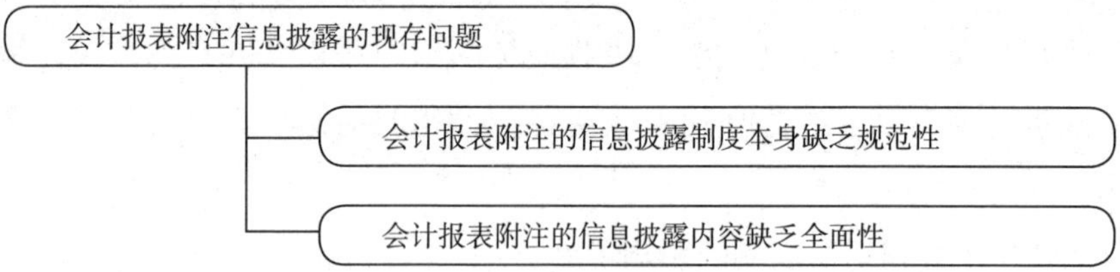

```
会计报表附注信息披露的现存问题
├── 会计报表附注的信息披露制度本身缺乏规范性
└── 会计报表附注的信息披露内容缺乏全面性
```

图6-6 会计报表附注信息披露的现存问题

第七章
授人以渔
——财务报表的基本分析方法

无论是作为企业的外部投资者、内部管理者或者是债权人，懂得分析财务报表都是其进行较优决策的前提。对于刚接触财务分析的人来说，掌握财务分析的方法是很关键的。俗话说好的方法是成功的一半。

作为财务分析的入门章节，本章主要讲述的是财务分析的各种方法，这些方法在我们后面章节中将会用到。除了方法之外，本章还讲述了财务分析的局限以及改进财务分析的措施。本章是基础章节，因此要学得扎扎实实，为后面更加深入的财务分析铺垫。

第一节　报表分析的内容

财务分析是以财务报告资料及其他相关资料为依据，采用一系列专门的分析技术和方法，对企业等经济组织过去和现在有关筹资活动、投资活动、经营活动、分配活动的盈利能力、营运能力、偿债能力和增长能力状况等进行分析与评价的经济管理活动。它是企业生产、经营、管理活动的重要组成部分，其主要内容包括以下部分，如图 7-1 所示。

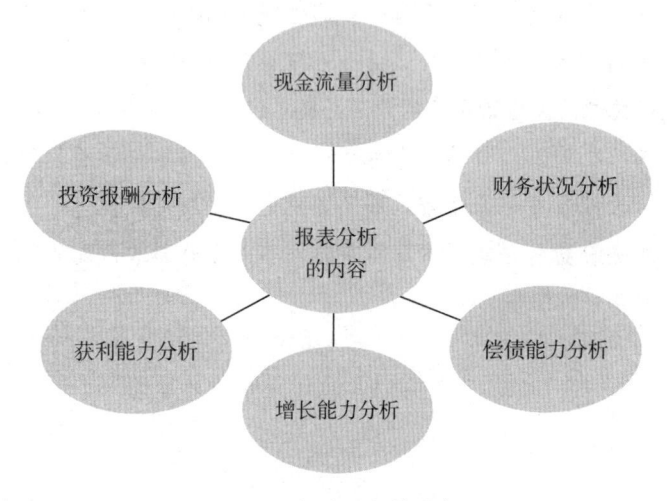

图7-1　报表分析的内容

第二节　报表分析方法分类

我国现有的会计报表分析方法有很多种分类。

一种分类方法是：横向分析法、纵向分析法、趋势百分率分析法、财务比率分析法。横向分析的前提是采用前后期对比的方式编制，并增设"绝对金额增减"和"百分率增减"两栏，以揭示各会计项目所发生的绝对金额变化和百分率变化的情况。纵向分析是同一年度会计报表各项目之间的比率分析，其前提是必须采用"百分率"或"可比性"形式编制资产负债表和损益表，从而揭示出各个会计项目的数据在企业财务中的相对意义。趋势百分率分析是将连续多年的会计报表中某些重要项目的数据集中在一起，同基准年的相应数据百分率比较。财务比率分析是指通过将两个有关的会计项目数据相除而得到各种财务比率来揭示同一张报表中不同项目之间或不同会计要素之间所存在的逻辑关系的方法。

另一种常见的分类是：比较分析法、趋势分析法、因素分析法和比率分析法。比较分析是为了说明财务信息之间的数量关系与数量差异，为进一步分析指明方向。这种比较可以是将实际与计划相比，可以是本期与上期相比，也可以是与同行业的其他企业相比。趋势分析是为了揭示财务状况和经营成果的变化及其原因、性质，帮助预测未来。用于进行趋势分析的数据既可以是绝对值，也可以是比率或百分比数据。因素分析是为了分析几个相关因素对某一财务指标的影响程度，一般要借助于差异分析的方法。比率分析是通过对财务比率的分析，了解企业的财务状况和经营成果，往往要借助于比较分析和趋势分析方法。

上述各方法有一定程度的重合，在实际工作当中，比率分析法应用最广。

第三节　财务分析的作用

财务管理是企业内部管理的重要组成部分，而财务分析则在企业的财务管理中又起着举足轻重的作用，强化财务管理理念、财务分析程序、财务分析方法，对于提高企业财务管理水平均具有重要意义。其具体作用如图7-2所示。

图7-2 财务分析的作用

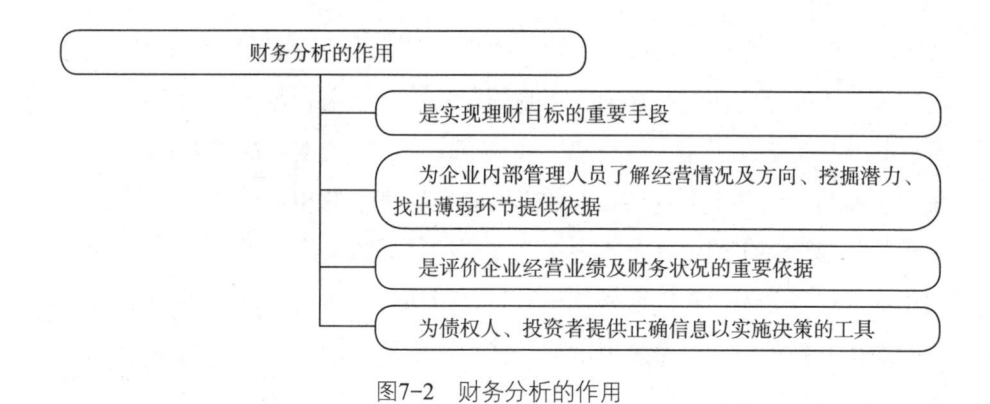

第四节 财务分析的主要方法

一、比较分析法

比较分析法是财务报表分析的基本方法之一，是通过某项财务指标与性质相同的指标评价标准进行对比，揭示企业财务状况、经营情况和现金流量情况的一种分析方法。比较分析法是最基本的分析方法，在财务报表分析中应用很广。比较分析法分类如图7-3所示。

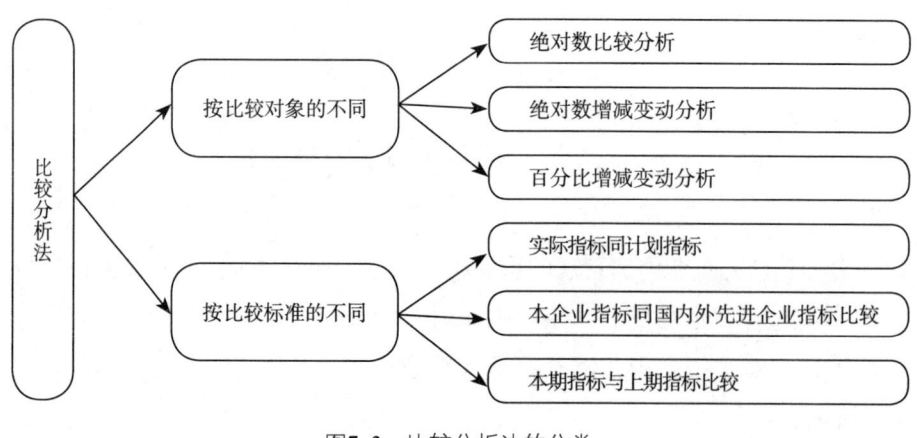

图7-3 比较分析法的分类

二、因素分析法

因素分析法又叫连环替代法，是指数法原理在经济分析中的应用和发展。它根据指数法的原理，在分析多种因素影响的事物变动时，为了观察某一因素变动的影响而将其他因素固定下来，如此逐项分析、逐项替代。因素分析法是将分析指标分解为各个可以计量的因素，并根据各个因素之间的依存关系，顺次用各因素的比较值替代基准值，据以测定各因素对分析指标的影响。

> **案例分析**
>
> 某一个财务指标及有关因素的关系由如下式子构成：实际指标：$Po=Ao \times Bo \times Co$；标准指标：$Ps=As \times Bs \times Cs$；实际与标准的总差异为 $Po-Ps$，这一总差异同时受到 A、B、C 三个因素的影响，它们各自的影响程度可分别由以下式子计算求得：
>
> A 因素变动的影响：$(Ao-As) \times Bs \times Cs$；
>
> B 因素变动的影响：$Ao \times (Bo-Bs) \times Cs$；
>
> C 因素变动的影响：$Ao \times Bo \times (Co-Cs)$。
>
> 最后，可以将以上三大因素各自的影响数相加就应该等于总差异 $Po-Ps$。

差额分析法是连环替代法的一种简化形式，是利用各个因素的比较值与基准值之间的差额，来计算各因素对分析指标的影响。例如，企业利润总额是由三个因素影响的，其表达式为：利润总额 = 营业利润 + 投资损益 ± 营业外收支净额，在分析去年和今年的利润变化时可以分别算出今年利润总额的变化，以及三个影响因素与去年比较时不同的变化，这样就可以了解今年利润增加或减少是主要由三个因素中的哪个因素引起的。

采用因素分析法时应注意以下问题，如图 7-4 所示。

因素分析法注意事项

- **因素分析的关联性。** 所确定的构成某项经济指标的各个因素，必须在客观上存在因果关系，这些因素要能反映所分析的经济指标发生差异的内在原因，否则计算结果不能说明问题

- **因素替代的顺序性。** 替代因素时，必须按照各个因素的依存关系，排列成一定的顺序并依次替代，不可随意颠倒，否则就会得出不同的计算结果。因此有关分析人员对分析计算的结果要紧密结合实际经济活动加以评价

- **顺序替代的连环性。** 应用因素分析法在计算每一因素变动的影响时，都是在前一次计算的基础上进行的，并且采用连环比较的方法来确定因素变动影响的结果

- **计算结果的假定性应用。** 因素分析法计算的各因素变动的影响数，会因替代顺序不同而有差别，因而计算结果不免带有假定性。即它只是在某种假定前提下的影响结果，离开了这种假定前提，可能就不会是这种影响结果。因此有关分析人员对分析计算的结果要紧密结合实际经济活动加以评价

图7-4　因素分析法注意事项

三、比率分析法

比率分析法就是把某些彼此存在关联的项目加以对比，计算出比率，据以确定经济活动变动程度的分析方法。比率是相对数，采用这种方法，能够把某些条件下的不可比指标变为可以比较的指标，以利于进行分析。比率指标主要有以下三类，如图7-5所示。

比率分析法

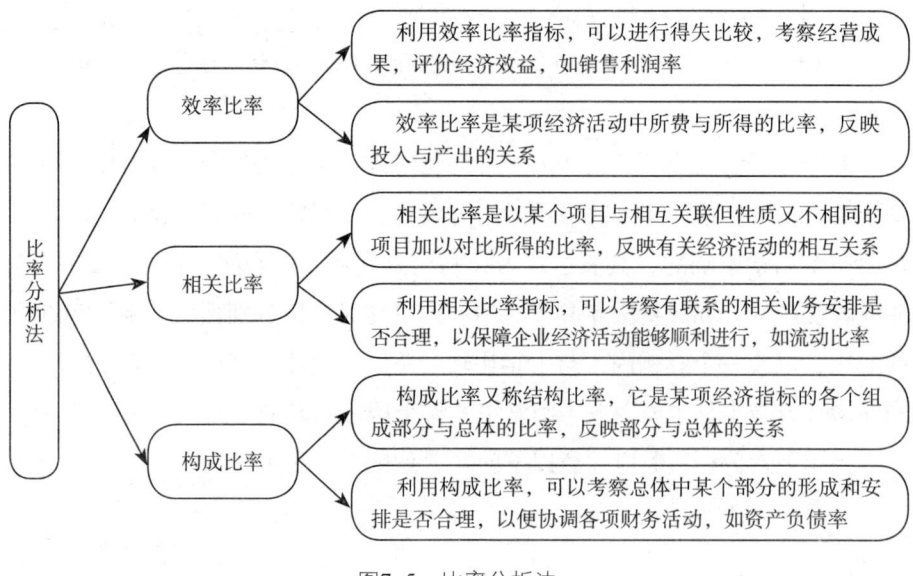

- **效率比率**
  - 利用效率比率指标，可以进行得失比较，考察经营成果，评价经济效益，如销售利润率
  - 效率比率是某项经济活动中所费与所得的比率，反映投入与产出的关系

- **相关比率**
  - 相关比率是以某个项目与相互关联但性质又不相同的项目加以对比所得的比率，反映有关经济活动的相互关系
  - 利用相关比率指标，可以考察有联系的相关业务安排是否合理，以保障企业经济活动能够顺利进行，如流动比率

- **构成比率**
  - 构成比率又称结构比率，它是某项经济指标的各个组成部分与总体的比率，反映部分与总体的关系
  - 利用构成比率，可以考察总体中某个部分的形成和安排是否合理，以便协调各项财务活动，如资产负债率

图7-5　比率分析法

综上所述，比率分析法的优点是计算简便，计算结果容易判断，而且可以使某些指标在不同规模的企业之间进行比较，甚至也能在一定程度上超越行业之间的差别进行比较。但是采用这一方法时，应该注意以下三点：

> 1. 对比项目的相关性。计算比率的分子和分母必须具有相关性，把不相关的项目进行对比是没有意义的
> 2. 对比口径的一致性。计算比率的分子和分母必须在计算时间、范围等方面保持口径一致
> 3. 衡量标准的科学性。运用比率分析，需要选用一定的标准进行对比，以便对企业的财务状况作出评价

图7-6　比率分析法注意事项

由于公司的经营活动是错综复杂而又相互联系的。因而比率分析所用的比率种类很多，关键是选择有意义的，互相关系的项目数值来进行比较。同时，进行财务分析的除了股票投资者以外，还有其他债券人、公司管理当局、政府管理当局等，由于他们进行财务分析的目的、用途不尽相同，因而着眼点也不同。作为股票投资者，主要是掌握和运用以下四种比率来进行财务分析。

（1）反映公司获利能力的比率：主要有资产报酬率、资本报酬率、股价报酬率、股东权益报酬率、股利报酬率、每股账面价值、每股盈利、价格盈利比率，普通股的利润率、价格收益率、股利分配率、销售利润率、销售毛利等、营业纯利润率、营业比率、税前利润与销售收入比率，等等。

（2）反映公司偿还能力的比率：可划分为四类：

①反映公司短期偿债能力的比率，有流动性比率、速动比率、流动资产构成比率，等等。

②反映公司长期偿债能力的比率，有股东权益比率、负债比率、举债经营比率、产权比率、固定比率、固定资产与长期负债比率、利息保障倍数等。

③反映公司扩展经营能力的比率，主要通过再投资率来反映公司内部扩展经营的能力，通过举债经营比率、固定资产对长期负债比率来反映其扩展经营的能力。

④反映公司经营效率的比率，主要有应收账款周转率、存款周转率、固定资产周转率、资本周转率、总资产周转率等。

在财务分析中，比率分析用途最广，但也有局限性，突出表现在：比率分析属于静态分析，对于预测未来并非绝对合理可靠。比率分析所使用的数据为账面价值，难以反映物价水准的影响。可见，在运用比率分析时，一是要注意将各种比率有机联系起来进行全面分析，不可单独地看某种或各种比率，否则便难以准确地判断公司的整体情况；二是要注意审查公司的性质和实际情况，而不光是着眼于财务报表；三是要注意结合差额分析，这样才能对公司的历史、现状和将来有一个详尽的分析、了解，达到财务分析的目的。

四、趋势分析法

趋势分析法又叫比较分析法、水平分析法，它是通过对财务报表中各类相关数字资料，将两期或多期连续的相同指标或比率进行定基对比和环比对比，得出它们的增减变动方向、数额和幅度，以揭示企业财务状况、经营情况和现金流量变化趋势的一种分析方法。采用趋势分析法通常要编制比较会计报表。

趋势分析法总体上分四大类：①纵向分析法。②横向分析法。③标准分析法。④综合分析法。此外，趋势分析法还有一种趋势预测分析。

第五节　财务分析的局限

财务分析对于考察企业理财得失、评价企业财务状况优劣，判断企业经济效益好坏、正确帮助投资者、债权人等进行投资、信贷决策等，都发挥着极大的积极作用。但是，同时也应看到各种财务分析方法由于受到分析资料来源的局限性，财务分析与评价的结果就不是绝对准确，主要的局限性表现为以下四方面，如图7-7所示。

```
财务分析的局限 ─┬─ 财务报表本身的局限
              ├─ 报表的真实性问题
              ├─ 会计政策的不同选择影响可比性
              └─ 比较基础方面的局限性
```

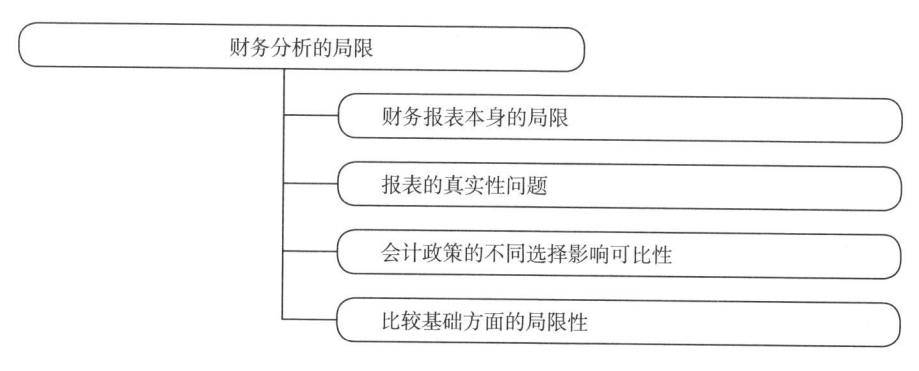

图7-7　财务分析的局限

1.财务报表本身的局限性

财务报表是会计的产物。会计有特定的假设前提，并要执行统一的规范。我们只能在规定意义上使用报表数据，不能认为报表揭示了企业全部实际情况。以历史成本报告资产，以币值不变为前提，它忽视了技术水平、供求关系等因素对持有资产价值的影响。稳健原则要求预计损失而不预计收益，有可能夸大费用，少计收益和资产，不能反映利润的真实水平。按年度分期报告，是属短期的报告，不能充分反映长期投资决策信息，无法体现出非货币形态的能力、信誉、资源的价值，显得不够全面。

2.报表的真实性问题

只有根据真实的财务报表，才能得出正确的分析结论。财务分析通常假定报表是真实的。财务分析的目的之一是通过运用一定的分析方法达到客观、真实地揭示企业经营管理及其财务状况，从而为改善经营管理提供可靠的决策信息。而财务报表所提供的数据资料是否真实可靠，不仅制约于企业的主观因素及人的因素，同时也与会计方法的合理性密切相关。如果会计方法不当，或者过多地掺杂了各种人为的因素，那么财务报表所提供资料的真实可靠性就缺乏必要的保证。比如，企业在月末结账时把短期借款偿还掉，等结完账后再借入款项，则会造成企业的负债较低，资金流动性较强的假象。

财务分析不能解决报表的真实性问题，但是财务分析人员通常应注意以下有关的问题：要注意财务报告是否规范，不规范的报告，其真实性也存疑；要注意财务报告是否有遗漏，遗漏是违背充分披露原则的；要注意分析数据的反常现象，如无合理的原因，则要考虑数据的真实性和一贯性是否有问题；要注意审计报告的意见和审计师的信誉。

3.会计政策的不同选择影响可比性

会计准则允许对同一会计事项的处理使用几种不同规则和程序，如折旧方法、所得税费用的确认方法、存货计价方法等。

4.比较基础方面的局限性

在比较分析时，必须要选择比较的基础，作为评价本企业当期实际数据的参考标准，包括本企业历史数据、同业数据和计划预算数据。财务分析就是将财务报表所提供的数据资料的比较过程。因此，财务报表数据资料是否具有可比性，对财务分析结果产生重大影响，如果将不可比的资料硬性进行比较，就很难得出正确的分析结果。影响财务报表资料及财务分析可比性的因素，主要有计算方法、计价标准、时间跨度和经营规模等，一旦这些条件发生变动而企业在分析时又未予考虑，则必然对分析的结果产生不利的影响。

趋势分析以本企业历史数据作为比较基础。历史数据代表过去，并不能说明合理。社会是在发展变化的，今年比过去效益提高了，不一定说明已达到了应该达到的水平，甚至不一定说明管理有了进步。横向进行比较时使用同行业标准。同行业的平均数，只起到一般性的指导作用不一定有代表性，同行业的劳动密集型与资本密集型放在一起就是不合理的。如果选一组有代表性的企业求其平均数，作为同业标准，会比整个行业平均数更好。近年来更重视以竞争对手的数据作为分析基础。有的企业实行多种经营，没有明确的行业归属，同业对比就更困难。实际与计划的差异分析，以预算作为比较基础。实际和预算的差异，有时是预算不合理造成的，而不是在执行过程中有什么问题。

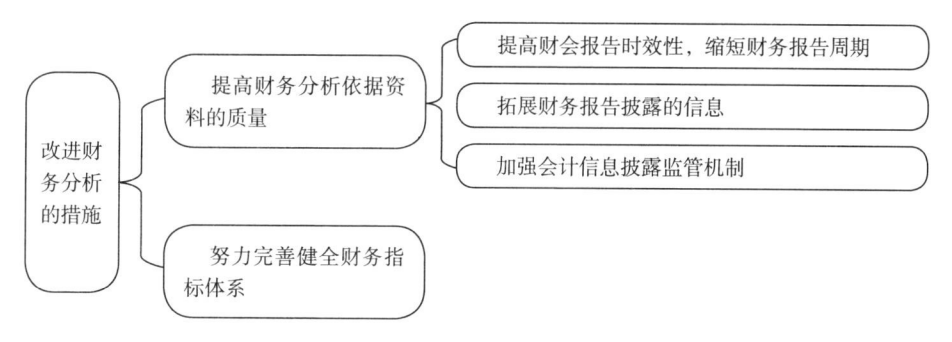

第六节　改进财务分析的措施

改进财务分析的措施如图 7-8 所示。

图7-8　改进财务分析的措施

企业在财务分析时，切勿仅凭某些比率或者指标而急于对企业的财务状况及经营成果下结论、定性质，尽可能多地运用综合分析法对企业的经营情况进行全面系统的研究与分析。

比如，假设甲、乙两家企业2019年年末的部分资产负债表如表7-1所示。

表 7-1　甲、乙企业部分资产负债表

单位：元

项目	甲企业	乙企业
货币资金	2 000	10 000
交易性金融资产	6 000	8 000
应收账款	7 000	12 000
存货	24 000	9 500
待摊费用	1 000	500
流动资产合计	40 000	40 000
流动负债合计	32 000	32 000

通过计算可以看出，尽管两家企业原流动比例都是1.25，但是从流动资产结构看两家企业的短期偿债能力差别却很大。甲企业的速动比例0.49，而乙企业的速动比例为0.94，几乎为甲企业的两倍，也就是说乙企业的短期偿债能力大大高于甲企业。通过这个例子，我们可以看出对企业经营情况进行全面系统地分析，对防范财务分析局限性的重要性。

第八章
洞悉企业能力
——财务比率分析

第七章对报表分析方法中的比率分析法有简单介绍，本章将运用比率分析法对财务报表进行分析。着重从企业的偿债能力、营运能力、获利能力、成长能力几个方面进行分析。通过这样的分析，我们基本能把握企业经营的大致情况，有助于了解企业的现状及前景。

本章的内容比较多，但从概念来讲应该是较易理解的，需要您在理解的基础上加以记忆，这样可以在把握本质的基础上学得更加牢固。

第一节 财务比率分析概述

财务比率分析法是把财务报表数据，结合公司财务报告中的其他有关信息，对同一报表内部或不同报表间的相关项目联系起来，通过计算比率，反映它们之间的关系，用以评价公司财务状况和经营状况，是财务分析中最基本、最重要的方法。

财务比率分析法所用的比率种类很多，其关键是要选择有意义的、互相关联的项目数据进行比较。分析者一般运用以下四类比率来进行财务分析，如图8-1所示。

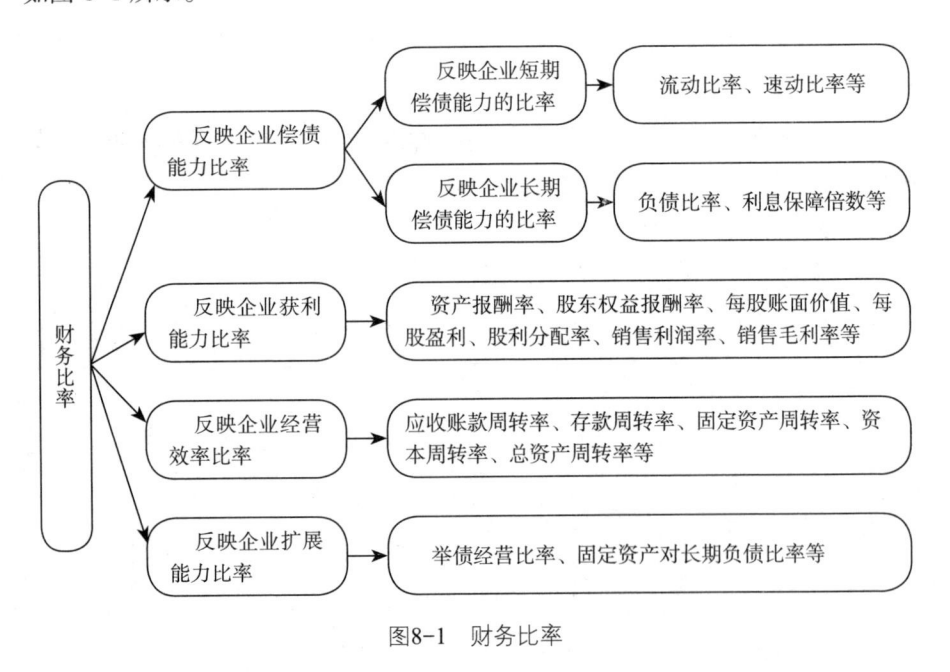

```
                    ┌─ 反映企业短期 ──→ 流动比率、速动比率等
                    │  偿债能力的比率
      反映企业偿债 ──┤
      能力比率       │
                    └─ 反映企业长期 ──→ 负债比率、利息保障倍数等
                       偿债能力的比率

财务  ─ 反映企业获利 ──→ 资产报酬率、股东权益报酬率、每股账面价值、每
比率   能力比率          股盈利、股利分配率、销售利润率、销售毛利率等

      ─ 反映企业经营 ──→ 应收账款周转率、存款周转率、固定资产周转率、资
        效率比率          本周转率、总资产周转率等

      ─ 反映企业扩展 ──→ 举债经营比率、固定资产对长期负债比率等
        能力比率
```

图8-1 财务比率

第二节 偿债能力分析

偿债能力是指企业偿还到期债务的能力。偿债能力分析包括短期偿债能力的分析和长期偿债能力的分析两个方面。

一、短期偿债能力分析

短期偿债能力，就是企业以流动资产偿还流动负债的能力。它反映企业偿付日常到期债务的实力、企业能否及时偿付到期的流动负债，是反映企业财务状况好坏的重要标志、财务人员必须十分重视短期债务的偿还能力，维护企业的良好信誉。

短期偿债能力也是企业的债权人、投资者、材料供应单位等所关心的重要问题、对债权人来说，企业要具有充分的偿还能力，才能保证其债权的安全，按期取得利息，到期收回本金。对投资者来说，如果企业的短期偿债能力发生问题，就会牵制企业经营管理人员的大量精力去筹措资金，应付还债，难以全神贯注于经营管理，还会增加企业筹资的难度，或加大临时性紧急筹资的成本，影响企业的盈利能力。对供应单位来说，则可能影响应收账款的获取。因此，企业短期偿债能力是企业本身及有关方面都很关心的重要问题。反映企业短期偿债能力的财务指标主要有以下的比率。

1.流动比率

流动比率是流动资产与流动负债的比率。它表明企业每一元流动负债有多少流动资产作为偿还的保证，反映企业用可在短期内转变为现金的流动资产偿还到期流动负债的能力。计算公式如下：

$$流动比率 = \frac{流动资产}{流动负债} \quad (8\text{-}1)$$

一般情况下，流动比率越高，反映企业短期偿债能力越强，债权人的权益越有保证。流动比率高，不仅反映企业拥有的营运资金多，可用以抵偿债务，而且表明企业可以变现的资产数额大，债权人遭受损失的风险小。按照西方企业的长期经验，一般认为2∶1的比例比较适宜，它表明企业财务状况稳定可靠，除了满足日常生产经营的流动资金需要外，还有足够的财力偿付短期到期债务。如果比例过低，则表示企业可能捉襟见肘，难以如期偿还债务。但是，流动比率也不能过高，过高则表明企业流动资产占用较多，会影响资金的使用效率和企业的获利能力。流动比率过高，还可能是由于应收账款占用过多，在产品、产成品积压的结果。因此，分析流动比率还需注意流动资产的结构、流动资产的周转情况、流动负债的数量与结构等情况。

2.速动比率

速动比率是企业速动资产与流动负债的比率。速动资产包括货币资金、短期投资、应收票据、应收账款、其他应收款项等流动资产，存货、预付账款则不应计入。这一比率用以衡量企业流动资产中可以立即用于偿付流动负债的财力。

计算速动资产时，之所以要扣除存货，是因为存货是流动资产中变现较慢的部分，它通常要经过产品的售出和账款的收回两个过程才能变为现金，存货中还可能包括不适销对路从而难以变现的产品。至于预付账款本质上属于费用，同时又具有资产的性质，只能减少企业未来时期的现金付出，却不能转变为现金，因此，不应计入速动资产。速动比率的计算公式为：

$$速动比率=\frac{速动资产}{流动负债} \quad (8-2)$$

$$速度比率=流动资产-存货-预付账款 \quad (8-3)$$

速度比率可用作流动比率的辅助指标。有时企业流动比率虽然较高，但流动资产中易于变现、可用于立即支付的资产很少，则企业的短期偿债能力仍然较差。因此，速动比率能更准确地反映企业的短期偿债能力。根据经验，一般认为速动比率1∶1较为合适，它表明企业的每一元短期负债，都有一元易于变现的资产作为抵偿。如果速动比率过低，说明企业的偿债能力存在问题；但如速动比率过高，则又说明企业因拥有过多的货币性资产，而可能失去一些有利的投资和获利机会。

3.现金比率

现金比率是企业现金类资产与流动负债的比率。现金类资产包括企业所拥有的货币资金和持有的有价证券（指易于变为现金的有价证券）。它是速动资产扣除应收账款后的余额。由于应收账款存在着发生坏账损失的可能，某些到期的账款也不一定能按时收回，因此，速动资产扣除应收账款后计算出来的金额，最能反映企业直接偿付流动负债的能力。其计算公式如下：

$$现金比率 = \frac{现金+有价证券}{流动负债} \qquad (8\text{-}4)$$

现金比率虽然能反映企业的直接支付能力，但在一般情况下，企业不可能，也无必要保留过多的现金类资产。如果这一比率过高就意味着企业所筹集的流动负债未能得到合理的运用，而经常以获利能力低的现金类资产保持着。

4.表外信息

上述变现能力指标，都是从会计报表资料中取得的。还有一些会计报表资料中没有反映出来的因素，也会影响企业的短期偿债能力，甚至影响力相当大。会计报表使用者多了解些这方面的情况，有利于作出正确的判断。

企业流动资产的实际变现能力，可能比会计报表项目反映的变现能力要好一些，主要有以下几个因素：①可动用的银行贷款指标。银行已同意、企业未办理贷款手续的银行贷款限额，可以随时增加企业的现金，提高支付能力。②准备很快变现的长期资产。由于某种原因，企业可能将一些长期资产很快出售变为现金，增强短期偿债能力。企业出售长期资产，一般情况下都是要经过慎重考虑的，企业应根据近期利益和长期利益的辩证关系，正确决定出售长期资产的问题。③偿债能力的声誉。如果企业的长期偿债能力一贯很好，有一定的声誉，在短期偿债方面出现困难时，可以很快地通过发行债券和股票等办法解决资金的短缺问题，提高短期偿债能力，这个增强变现能力的因素，取决于企业自身的信用声誉和当时的筹资环境。

二、长期偿债能力分析

长期偿债能力，指企业偿还长期负债的能力。企业的长期负债，包括长期借款、应付长期债券等。评价企业长期偿债能力，从偿债的义务看，包括按期支付利息和到期偿还本金两个方面；从偿债的资金来源看，则应是企业经营所得的利润。在企业正常生产经营的情况下，企业不可能依靠变卖资产还债，而只能依靠实现利润来偿还长期债务。因此，企业的长期偿债能力是和企业的获利能力密切相关的。在这里，我们仅从债权人考察借出款项的安全程度以及企业考察负债经营的合理程度出发，来分析企业对长期负债还本与付息的能力。

1.资产负债率

资产负债率又称负债比率，是企业负债总额对资产总额的比率。它表明企业资产总额中，债权人提供资金所占的比重，以及企业资产对债权人权益的保障程度。这一比率越小，表明企业的长期偿债能力越强。其计算公式如下：

$$资产负债率 = \frac{负债平均总额}{资产平均总额} \qquad (8-5)$$

资产负债率也表示企业对债权人资金的利用程度。如果此项比率较大，从企业所有者来说，利用较少的只有资本投资，形成较多的生产经营用资产，不仅扩大了生产经营规模，而且在经营状况良好的情况下，还可以利用财务杠杆的原理，得到较多的投资利润。但如果这一比率过大，则表明企业的债务负担重，企业的资金实力不强，遇有风吹草动，企业的债务能力就缺乏保证，对债权人不利。企业资产负债率过高，债权人的权益就有风险，一旦资产负债率超过1，则说明企业资不抵债，有濒临倒闭的危险，债权人将受损失。

2.股东权益比率和权益总资产率

股东权益比率是所有者权益同资产总额的比率，该比率反映企业资产中有多少是所有者投入的。其计算公式如下：

$$股东权益比率 = \frac{所有者权益}{资产总额} \tag{8-6}$$

所有者权益和资产总额可以按期末数计算，也可以按本期平均数计算。股东股益比率与负债比率之和按同口径计算应等于1。股东权益比率越大，负债比率就越小，企业的财务风险也就越少。股东权益比率是从另一个侧面来反映企业长期财务状况和长期偿债能力的。

股东权益比率的倒数，称为权益总资产率，又称权益乘数，说明企业资产总额是股东权益的多少倍。该项比率越大，表明股东投入的资本在资产总额中所占的比重越小，对负债经营利用得越充分。其计算公式如下：

$$权益总资产率 = \frac{资产总额}{所有者权益} \tag{8-7}$$

3.负债与股东权益比率

负债与股东权益比率又称产权比率，是负债总额与所有者权益之间的比率。它反映企业投资者权益对债权人权益的保障程度。这一比率越低，表明企业的长期偿债能力越强，债权人权益的保障程度越高，承担的风险越小。在这种情况下，债权人就愿意向企业增加借款。其计算公式如下：

$$产权比率 = \frac{负债总额}{所有者权益} \tag{8-8}$$

产权比率与资产负债率的计算，都以负债总额为分子，对比的分母，负债比率是资产总额，负债与股东权益比率的分母是资产总额与负债总额之差。它们分别从不同的角度表示对债权的保障程度和企业长期偿债能力。因此，两者的经济意义是相同的，具有相互补充的作用。

4.利息保障倍数

利息保障倍数又称已获利息倍数，是指企业生产经营所获得的息税前利润与利息费用的比率。它是衡量企业偿付负债利息能力的指标。企业生产经营所获得的息税前利润对于利息费用的倍数越多，说明企业支付利息费用的能力越强。因此，债权人要分析利息保障倍数指标，来衡量债权的安全程度。企业利润总额加利息费用为息税前利润，因此，利息保障倍数可按以下公式计算：

$$利息保障倍数=\frac{利润总额+利息费用}{利息费用} \qquad (8-9)$$

究竟企业已获息税前利润应是利息费用的多少倍，才算偿付利息能力强，这要根据往年经验结合行业特点来判断。根据稳健原则考虑，应以倍数较低的年度为评价依据。

案例分析

为了详细说明对企业的偿债能力分析，本节以A公司的资料为例，来说明对企业如何进行偿债能力的分析。

A公司是一家全民所有制国有企业，垄断该区供电业务，主营供电，兼营线路施工、电器安装，根据其2018年、2019年年报，有关偿债能力的资料及财务数据摘录及计算如表8-1至表8-4所示。

表8-1 资产负债表数据

单位：万元

资产	2019年	2018年	负债和所有者权益（或股东权益）	2019年	2018年
流动资产：			流动负债：		
货币资金	236.95	2 880.30	短期借款	11 800.00	14 826.00
交易性金融资产			交易性金融负债		
衍生金融资产			衍生金融负债		
应收票据			应付票据	5 845.00	
应收账款	25 334.54	33 479.38	应付账款	12 135.32	8 694.22
应收款项融资			预收款项		
预付款项	1 730.73	1 227.70	合同负债		

续表

资产	2019年	2018年	负债和所有者权益（或股东权益）	2019年	2018年
其他应收款	287.58	9 154.83	应付职工薪酬	1 508.34	1 523.20
存货	2 723.75	1 763.93	应交税费	284.18	353.19
合同资产			其他应付款	4 866.54	2 584.60
持有待售资产			持有待售负债		
一年内到期的非流动资产			一年内到期的非流动负债		
其他流动资产			其他流动负债	5 150.92	1 627.92
流动资产合计	32 670.27	48 189.36	流动负债合计	45 111.39	29 803.72
非流动资产：			非流动负债：		
债权投资			长期借款		
其他债券投资			应付债券		
长期应收款			其中：优先股		
长期股权投资	15 337.09	9 949.50	永续债		
其他权益工具投资			租赁负债		
其他非金融资产			长期应付款		
投资性房地产			预计负债		
固定资产	65 790.82	44 144.04	递延收益		
在建工程	6 002.80	4 931.28	递延所得税负债		
生产性生物资产			其他非流动负债	11 000.00	12 539.87
油气资产			非流动负债合计	11 000.00	12 539.87
使用权资产			负债合计	56 253.16	42 485.36
无形资产	71 793.62	49 075.32	所有者权益（或股东权益）：		
开发支出			实收资本（或股本）	20 229.98	20 229.98
商誉			其他权益工具		
长期待摊费用			其中：优先股		
递延所得税资产			永续债		
其他非流动资产			资本公积	30 197.40	30 197.40

续表

资产	2019年	2018年	负债和所有者权益（或股东权益）	2019年	2018年
非流动资产合计			减：库存股		
			其他综合收益		
			专项储备		
			盈余公积	8 994.83	6 854.68
			未分配利润	4 286.66	7 511.57
			所有者权益（或股东权益）合计	63 708.86	64 793.63
资产总计	119 962.04	110 743 260	负债和所有者权益（或股东权益）总计	119 962.04	110 743 260

表 8-2　利润表及现金流量表数据摘要

单位：万元

项目	2019年	2018年	项目	2019年	2018年
营业收入	32 045.04	27 739.38	经营活动现金流入	48 096.70	23 653.10
营业成本	21 413.04	17 319.54	经营活动现金流出	20 110.96	23 414.39
税金及附加	322.70	305.21	投资活动现金流入	69.04	55.10
营业利润	10 299.32	10 114.63	投资活动现金流出	23 402.81	10 041.05
管理费用	1 949.59	2 968.37	筹资活动现金流入	18 075.40	48 549.06
财务费用	1 225.69	2 182.94	筹资活动现金流出	22 853.55	38 118.99
净利润	6 114.70	4 209.60	现金净流量	-126.17	682.83

表 8-3　应收项目账龄资料

单位：万元

项目	应收账款 2019年 金额	应收账款 2019年 比例%	应收账款 2018年 金额	应收账款 2018年 比例%	其他应收款 2019年 金额	其他应收款 2019年 比例%	其他应收款 2018年 金额	其他应收款 2018年 比例%	预付账款 2019年 金额	预付账款 2019年 比例%	预付账款 2018年 金额	预付账款 2018年 比例%
1年	21 033	57.48	17 190	60.68	8 769	95.97	17	5.9	1 228	100	1 104	63.80
1~2年	10 644	29.09	3 951	13.95	101	1.1	15	5.22			518	29.94
2~3年	2 566	7.01	5 332	18.82	10	0.11	0	0			0	0

续表

项目	应收账款 2019年 金额	应收账款 2019年 比例%	应收账款 2018年 金额	应收账款 2018年 比例%	其他应收款 2019年 金额	其他应收款 2019年 比例%	其他应收款 2018年 金额	其他应收款 2018年 比例%	预付账款 2019年 金额	预付账款 2019年 比例%	预付账款 2018年 金额	预付账款 2018年 比例%
3年以上	2 350	6.42	1 855	6.55	2.57	2.82	256	88.88			108	6.26
合计	36 592	100	28 328	100	9 137	100	288	100			1 731	100

表8-4 偿债能力各项指标值

项目	流动比率	速动比率	现金比率	资产负债率%	负债保障程度	总资产周转率	存货周转率	应收账款周转率	已获利息倍数	长期资产负债率%	净资产收益率%	总资产报酬率%	到期债务偿付率%
2019年	0.724	0.467	0.061	46.89	2.13	0.282	9.543	0.986	6.09	15	9.52	7.4	62
2018年	1.617	1.558	0.095	39.55	2.53	0.268	8.68	0.871	3.2	16	7.64	6.87	1
行业平均值	2.071	1.293	1.162	35.18	2.84	0.337	16.16	7.654	33.56		10.74		

1.短期偿债能力分析

从资产构成看，公司的资产质量优良且比上年有所改善，主要表现在：2019年公司待摊费用、待处理财产损失等虚拟资产几乎为零，应收款项总额比上年下降，特别是3年以上的应收款项由2 607万元减少到2 219万元。流动资产质量的提高，对公司的短期偿债能力提供了更可靠的保障。

从资产、资本对称结构看，公司的资产与资本对称结构由稳定结构变成了风险结构。2018年流动资产总额比流动负债总额多18 366万元。2019年度，由于应收款项的减少等原因使流动资产总额减少了15 519万元，而流动负债却增加了15 308万元，造成流动资产总额比流动负债总额少了12 441万元，公司的一部分流动负债被占用在长期资产上。因此，导致流动比率、速动比率、现金比率均比上年下降55%、70%、37%，远远低于行业平均值，分别仅为行业平均值的34.96%、36.12%、5.25%。

从这一角度来看，在按期支付短期债务方面公司还存在着一定的风险。

从现金流动量角度分析，由于公司在2019年提高了主营业务收入，并收回了部分以前年度的应收账款，当年通过销售商品取得的现金大于按权责发生制确认的主营业务收入，经营活动现金净流量比上年增加27 747万元。到期偿付率指标从上年的1%提高到62%，说明公司在不依靠筹资活动（主要是贷款）的情况下，自主偿还到期债务的能力有了大幅度的提高，也说明了公司经营活动、投资活动产生现金对流动负债的保障程度增强了。正因为公司增强了经营活动产生现金的能力，维持公司正常经济活动对负债筹资的依赖程度明显降低，负债筹资率从上年的67%降低到了27%，远远低于42%行业平均水平。

从其他方面看，由于流动资产占用额下降，公司流动资产的管理效率提高更快。总资产周转率由上年的0.268提高到0.282，增幅为5.22%，存货周转率从上年的8.68上升到9.543，增幅为9.94%，应收账款周转率从0.871提高到0.986，增幅为13.2。流动资产周转速度的加快，使公司能在流动资产占用减少的情况下，维持一个比上年更大业务量的需要。尽管如此，与行业平均值比较，仍有较大的差距，还有继续提高的潜力。

根据上述分析可以看出，公司仍存在不能按时偿还短期债务的风险。但这种情况是否发生还取决于两个方面：一方面是公司能否继续从经营活动、投资活动中产生足够的现金，偿还不断到期的债务；另一方面从公司资产的构成来看，应收账款占资产总额的比重尽管从34%下降到24%，但其绝对额仍为28 328万元，账龄在三年以下的约占94%，其中一年以内的占60%。因此，只要公司加大应收账款回收的力度，通过清理旧欠增加现金流入方面还是有潜力的。

2.长期偿债能力分析

公司的资产负债率为46.89%，比上年的39.55%提高了7.34个百分点，比行业平均水平高了11.71个百分点。公司资产负债率的提高是因为流动负债增加而引起的。2019年公司流动负债总额比上年增加15 307万元，流动负债占负债总额的比重从2018年的70%上升到80%。

公司的长期资产负债率为15%，比上年下降了1个百分点，说明长期资产对长期负债的依赖程度有所下降。由于一部分长期资产的资金来源于短期负债。长期资产的变现速度与流动负债的期限不一致，而且变现期限较长，资产价值的实现又存在较大的不确定性，因此，企业可能存在不能偿还到期债务的风险。

尽管2019年公司的资产负债率比上年有所提高，但未达到50%的警戒水平。负债保障程度为2.13，公司对于负债的物质保障程度较高。而且在资产负债率提高的情况下，公司的已获利息倍数比上年提高了2.89，总资产报酬率和净资产收益率分别比上年提高0.53和1.88个百分点，说明公司运用财务杠杆给企业带来了更大的财务收益，获利能力的增强又提高了公司对未来债务的偿付能力。因此可以说公司仍有较强的长期偿债能力。

目前，虽然企业在偿债能力上已经形成了一套体系，通过不同的指标反映企业财务现状的整体情况，但是这套体系还不够完善。目前企业偿债能力分析，特别是短期偿债能力分析的指标还存在许多缺陷，诸如在计算短期偿债能力指标时，所用的计算口径不统一；现行短期偿债能力指标只是静态地反映企业的短期偿债能力，无法从动态角度来分析偿债能力，更无法反映企业在未来潜在的偿债能力；现行短期偿债能力指标反映出的短期偿债能力的信息质量不高，具有很强的粉饰效应，流动资产中存在流动性较差，变现能力较弱，甚至资产无法变现；现行短期偿债指标，没有充分利用现有的财务报告体系，造成会计资源极大浪费等问题。这些都在一定程度上阻碍了对于企业财务信息分析的准确性和全面性，有必要从以下几个方面进一步完善：一是充分利用整个财务报告体系，包括资产负债表、利润表、利润分配表、现金流量表及其附注提供的信息；二是结合企业的盈利能力和现金回收能力，设计和采纳一些新的指标来反映企业的短期偿债能力，如现金流量比率、现金回收率、流通性长期投资比率等；三是要结合企业的实际情况确定对短期偿债能力指标的评价标准。

第三节　营运能力分析

企业营运能力主要指企业营运资产的效率与效益。企业营运资产的效率主要指资产的周转率或周转速度。企业营运资产的效益通常是指企业的产出额与资产占用额之间的比率。

一、全部资产营运能力分析

全部资产营运能力分析就是要对企业全部资产的营运效率进行综合分析。全部资产营运能力分析包括对反映全部资产营运能力的指标进行计算与分析；对反映资产营运能力的各项指标进行综合对比分析。

企业全部资产营运能力，主要是指投入或使用全部资产所取得的产出的能力。由于企业的总产出，一方面从生产能力角度考虑，可用总产值表示，另一方面从满足社会需要角度考虑，可用总收入表示，因此，反映全部资产营运能力的指标主要指全部资产产值率、全部资产收入率和全部资产周转率。

1. 全部资产产值率

全部资产产值率是指企业占用每百元资产所创造的总产值。其计算公式为：

$$全部资产产值率 = \frac{总产值}{平均总资产} \quad (8-10)$$

该指标反映了总产值与总资产之间的关系。在一般情况下，该指标值越高，说明企业资产的投入产出率越高，企业全部资产运营状况越好。反映总产值与总资产关系的还可用另一指标表示，即百元产值占用资金。其计算公式为：

$$百元产值占用资金 = 平均总资产 / 总产值 \times 100\% \quad (8-11)$$

该指标越低，反映全部资产营运能力越好。对该指标的分析，可在上式基础上，从资产占用形态角度进行分解，即：

百元产值占用资金=流动资产/总产值+固定资产/总产值+其他资产/总产值

(8-12)

依据上式，可分析全部资产产值率或百元产值占用资金变动受各项资产营运效果的影响。

2. 全部资产收入率

全部资产收入率是指占用每百元资产所取得的收入额。其计算公式为：

全部资产收入率=总收入/平均总资产×100%　　（8-13）

该指标反映了企业收入与资产占用之间的关系。通常，全部资产收入率越高，反映企业全部资产营运能力越强、营运效率越高。该指标比全部资产产值率更能准确反映企业全部资产的营运能力，因为企业总产值往往既包括完工产品产值，又包括在产品产值；既包括已销售的商品产值，又包括库存产品产值。在市场经济条件下，企业产品只有销售出去，收入实现才是真正意义的产出。

对全部资产收入率的分析，正是要考虑收入与产值的关系。其因素分解式为：

全部资产收入率=（总产值/平均总资产）×（总收入/总产值）×100%

=全部资产产值率 × 产品销售率　　（8-14）

可见，企业要取得较高的资产收入率，一方面要提高全部资产产值率，另一方面要提高产品销售率。

3. 全部资产周转率分析

全部资产周转率=总周转额（总收入）/平均总资产　　（8-15）

在全部资产中，周转速度最快的应属流动资产，因此，全部资产周转速度受流动资产周转速度影响较大。从全部资产周转速度与流动资产周转速度的关系，可确定影响全部资产周转率的因素如下：

全部资产周转率=（销售收入/平均流动资产）×（平均流动资产/平均总资产）

=流动资产周转率 × 流动资产占总资产的比重　　（8-16）

可见，全部资产周转率的快慢取决于两大因素：一是流动资产周转率，因为流动资产的周转速度往往高于其他类资产的周转速度，加速流动资产周转，就会使总资产周转速度加快，反之则会使总资产周转速度减慢；二是流动资产占总资产的比重，因为流动资产周转速度快于其他类资产周转速度，所以，企业流动资产所占比例越大，总资产周转速度越快，反之则越慢。

案例分析

根据 ABC 公司财务报表及附表的有关资料，计算该公司全部资产周转率及相关指标如表 8-5 所示。

表 8-5　ABC 公司财务数据

单位：万元

项目	2019 年	2018 年	差异
销售收入	48 201	40 938	
平均总资产	100 731	69 491	
平均流动资产	48 592	35 563	
全部资产周转率	0.48	0.59	-0.11
流动资产周转率	0.99	1.15	-0.16
流动资产占总资产比率	48.24%	51.18%	-2.94%

根据表 8-5，可确定各因素变动对 ABC 公司本年全部资产周转速度的影响程度。

流动资产周转速度变动对全部资产周转影响 =（0.99-1.15）×51.18%=0.082

流动资产占总资产比率变动对全部资产周转影响 =0.48×（48.24%-51.18%）=0.029（次）

可见 ABC 公司全部资产营运效率较差，在上年本来不高的周转速度基础上，本年又有所缓慢。全部资产周转速度较差的原因主要是流动资产周转速度过慢，本年周转不到 1 次。解决流动资产周转缓慢问题是该企业应解决的关键问题。

二、流动资产营运能力

流动资产周转率，既是反映流动资产周转速度的指标，也是综合反映流动资产利用效果的基本指标，它是一定时期流动资产平均占用额和流动资产周转额的比率，是用流动资产的占用量和其所完成的工作量的关系，来表明流动资产的使用经济效益。流动资产周转率的计算，一般可以采取以下两种计算方式：

流动资产周转次数=流动资产周转额/流动资产平均余额　　（8-17）

流动资产周转天数（周转期）=计算期天数（360）/流动资产周转天数

=流动资产平均余额×计算期天数/流动资产周转额　　（8-18）

流动资产的周转次数或天数，均表示流动资产的周转速度。流动资产在一定时期的周转次数越多，即每周转一次所需要的天数越少，周转速度就越快，流动资产营运能力就越好；反之，周转速度则慢，流动资产营运能力就越差。

从上述公式可知，流动资产周转期的计算，必须利用"计算期天数""流动资产平均余额""流动资产周转额"三个数据。对于计算期天数，为了计算方便，全年按360天计算，全季按90天计算，全月按30天计算。对于流动资产平均余额的确定，一要注意范围，不同的周转率，流动资产的范围就不同；二要注意用平均占用额而不能用期末或期初占用额。周转额一般指企业在报告期中有多少流动资产完成了，即完成了从货币到商品，再到货币这一循环过程的流动资产数额。它应用销售额来表示，既可用销售收入，也可用销售成本表示。

进行流动资产周转率因素分析，首先应找出影响流动资产周转率的因素。根据流动资产周转率的计算公式，可分解出影响全部流动资产总周转率的因素如下：

流动资产周转次数= 销售收入/流动资产平均余额

=（销售成本/流动资产平均余额）×销售收入/销售成本

=流动资产垫支周转次数×成本收入率　　（8-19）

可见，影响流动资产周转次数的因素，一是垫支周转次数；二是成本收入率。流动资产垫支周转次数准确地反映了流动资产在一定时期可周转的次数；成本收入率说明了企业的所费与所得之间的关系。当成本收入率大于1时，说明企业有经济效益，此时流动资产垫支周转次数越快，流动资产营运能力越好；反之，如果成本收入率小于1，说明企业所得弥补不了所费，这时流动资产垫支次数加快，反而不利于企业经济效益的提高。

ABC公司流动资产周转率计算如表8-6所示。

表8-6 流动资产周转率

单位：万元

项目	2018年	2019年
销售收入	40 938	48 201
流动资产平均余额	35 563	48 592
其中平均存货	12 806	14 506
销售成本	26 801	32 187
流动资产周转次数	1.15	0.99
流动资产垫支周转次数	0.75	0.66
成本收入率	152.75	149.75
存货周转次数	2.09	2.22
存货构成率	36.01	29.86

（1）流动资产周转次数分析

流动资产垫支周转次数影响 =（0.66-0.75）×152.75%=-0.14（次）

成本收入率变动影响 = 0.66×（149.75%-152.75%）=-0.02（次）

分析结果说明流动资产周转率缓慢受流动资产垫支周转率缓慢和成本收入率下降两个因素共同影响，但垫支周转速度缓慢是主要原因。

（2）流动资产垫支周转次数分析

存货周转次数影响 =（2.22-2.09）×36.01%=0.05（次）

存货构成率影响 =2.22×（29.86%-36.01%）=-0.14（次）

可见，流动资产垫支周转次数的减少主要是存货构成率下降引起的缓慢 0.14 次；存货周转次数加快使垫支周转次数加快 0.05 次。

1.企业存货周转情况

存货周转率是指企业在一定时期内存货占用资金可周转的次数，或存货每周转一次所需要的天数。因此，存货周转率指标有存货周转次数和存货周转天数两种形式：

$\qquad$ 存货周转次数=销售成本/平均存货 （8-20）

$\qquad$ 其中：平均存货=（期初存货+期末有货）/2 （8-21）

$\qquad$ 存货周转天数=计算期天数/存货周转次数

$\qquad\qquad\qquad$ =计算期天数×平均存货/销售成本 （8-22）

应当注意，存货周转次数和周转天数的实质是相同的。但是其评价标准却不同，存货周转次数是个正指标，因此，周转次数越多越好（但过高的周转率也可能说明企业管理方面存在其他的一些问题）。影响存货周转率的因素很多，但它主要还受材料周转率、在产品周转率和产成品周转率的影响。这三个周转率的计算公式是：

$\qquad$ 材料周转率=当期材料消耗额/平均材料库存 （8-23）

$\qquad$ 在产品周转率=当期完工产品成本/平均在产品成本 （8-24）

$\qquad$ 产成品周转率=销售成本/平均产成品库存 （8-25）

这三个周转率的评价标准与存货评价标准相同，都是周转次数越多越好，周转天数越少越好。通过不同时期存货周转率的比较，可评价存货管理水平，查找出影响存货利用效果变动的原因、不断提高存货管理水平。在企业生产均衡和产销平衡情况下，存货周转率与三个阶段周转率之间的关系可用下式表示：

$\qquad$ 存货周转天数=材料周转天数×材料消耗额/总产值生产费+

$\qquad\qquad$ 在产品周转天数+产成品周转天数 （8-26）

存货周转率还可以衡量存货的储存是否适当，是否能保证生产不间断地进行和产品有秩序的销售。存货既不能储存过少，造成生产中断或销售紧张；又不能储存过多形成呆滞、积压。存货周转率也反映存贷结构合理与质量合格的状况。因为只有结构合理，才能保证生产和销售任务正常、顺利地进行只有质量合格，才能有效地流动，从而达到存货周转率提高的目的。存货是流动资产中最重要的组成部分，往往达到流动资产总额的一半以上。因此，存货的质量和流动性对企业的流动比率具有举足轻重的影响并进而影响企业的短期偿债能力。

2. 企业应收账款周转情况

应收账款周转情况分析，主要应通过对应收款周转率的计算与分析进行说明。其计算公式为：

$$应收账款周转率 = 赊销收入净额 / 应收账款平均余额 \quad (8-27)$$

其中：赊销收入净额 = 销售收入 - 现销收入 - 销售退回、销售折让、销售折扣

应收账款周转率可以用来估计应收账款变现的速度和管理的效率。回收迅速既可以节约资金，也说明企业信用状况好，不易发生坏账损失，一般认为周转率越高越好。

反映应收账款周转速度的另一个指标是应收账款周转天数，或应收账款平均收款期。其计算公式为：

$$应收账款周转天数 = 计算期天数（360）/ 应收账款周转次数$$
$$= 应收账款平均余额 \times 360 / 赊销收入净额 \quad (8-28)$$

按应收账款周转天数进行分析，则周转天数越短越好。

通过以上方式计算的应收账款周转速度，不仅反映企业的营运能力而且由于应收账款是企业流动资产的重要组成部分。其变现速度和变现程度是企业流动比率的重要补充，它也反映着企业的短期偿债能力，通过应收账款账龄指标，与原定的始销期限进行对比，还可借以评价购买单位的信用程度，以及企业原定的信用条件是否恰当。

影响该指标正确计算的因素有：第一，季节性经营的企业使用这个指标时不能反映实际情况（淡季应收账款水平偏低）；第二，大量使用分期付款结算方式；第三，大量使用现金结算的销售；第四，年末大量销售或年末销售大幅度下降。这些因素都会对该指标计算结果产生较大的影响。财务报表的外部使用人可以将计算出的指标与该企业前期指标、与行业平均水平或其

他类似企业的指标相比较,判断该指标的高低。但仅根据指标的高低分析不出上述各种原因。

3.营业周期分析

营业周期是指从取得存货开始到销售存货并收回现金为止的这段时间。营业周期的长短取决于存货周转天数和应收账款周转天数。其计算公式为:

$$营业周期=存货周转天数+应收账款周转天数 \qquad (8-29)$$

将存货周转天数和应收账款周转天数加在一起计算出来的营业周期,指的是需要多长时间能将期末存货全部变为现金。一般情况下,营业周期短说明资金周转速度快、管理效率高、资产的流动性强、资产的风险降低;营业周期长说明资金周转速度慢、管理效率低、风险上升。因此,分析研究企业的营业周期,并想方设法缩短营业周期,对于增强企业资产的管理效果具有重要意义。

三、固定资产营运能力分析

固定资产周转率是指企业年销售收入净额与固定资产平均净值的比率,它是反映企业固定资产周转情况,从而衡量固定资产利用效率的一项指标。其计算公式为:

$$固定资产周转率=销售收入净额/固定资产平均余额 \qquad (8-30)$$

固定资产周转率高,表明企业固定资产利用充分,同时也能表明企业固定资产投资得当,固定资产结构合理,能够充分发挥效率。反之,如果固定资产周转率不高,则表明固定资产使用效率不高,提供的生产成果不多,企业的营运能力不强。

运用固定资产周转率时,需要考虑固定资产净值因计提折旧而逐年减少因更新重置而突然增加的影响;在不同企业间进行分析比较时,还要考虑采用不同折旧方法对净值的影响等。

四、总资产周转情况分析

反映总资产周转情况的指标是总资产周转率,它是企业销售收入净额与资产总额的比率。其计算公式为:

总资产周转率=销售收入净额/资产平均余额　　　　　　（8-31）

这一比率可用来分析企业全部资产的使用效率。如果这个比率较低，则说明企业利用全部资产进行经营的效率较差，最终会影响企业的获得能力。这样，企业就应该采取措施提高各项资产的利用程度从而提高销售收入或处理多余资产。

第四节　获利能力分析

获利能力是企业在一定期间内获取利润的能力，也就是企业利用所拥有的经济资源，经过一定会计期间的经营，以收抵支获取盈余的能力。企业财务状况和经营业绩的好坏，最终体现在获利能力的强弱上，因此，获利能力是上市公司偿债能力、营运能力的基础。评价获利能力强弱的指标，应从三个层次进行分析。

首先是反映企业经营活动初始获利能力指标。

销售毛利率=销售毛利/销售收入净额　　　　　　（8-32）

企业营业利润形成的基础是销售毛利，它反映了对经营期内费用的承受能力，销售毛利率体现了企业的获利空间，通过指标对比，可以揭示企业的定价政策、成本控制等方面的优劣势及在同行业中的竞争地位。该项比率越高，表明企业为社会新创价值越多，贡献越大，也反映企业在增产的同时，为企业多创造了利润，实现了增产增收。

其次是反映企业经营活动最终获利能力指标。

销售净利率=净利润/销售收入净额　　　　　　（8-33）

该指标反映一元销售收入带来的净利润是多少，表示销售收入的收益水平。从该指标的关系看，净利润与销售净利润成正比，与销售收入与销售净利率成反比。企业在增加销售收入额的同时，必须相应获得更多的净利润，才能使销售净利润保持不变或有所提高。

最后是净资产收益率。

$$净资产收益率 = 净利润 / 平均净资产 \times 100\% \qquad (8\text{-}34)$$

该比率说明股东投资额的盈利能力，不同的资本结构对净资产收益率有不同的影响，即净资产收益率受筹资方式的影响，只要净资产收益率大于债权人所提供资金的资本成本，净资产收益率就会提高，这就是负债经营的杠杆利益。

第五节　成长能力分析

成长性比率是财务分析中的重要比率之一。它一般反映公司的扩展经营能力，说明企业的长远扩展能力，未来生产经营实力。反映成长性的指标有：

1.主营业务增长率

主营业务增长率，即本期的主营业务收入减去上期的主营业务收入之差再除以上期主营业务收入的比值。通常具有成长性的公司多数都是主营业务突出、经营比较单一的公司。因此，利用主营业务收入增长率这一指标可以较好地考察公司的成长性。主营业务收入增长率高，表明公司产品的市场需求大，业务扩张能力强。如果一家公司中能连续几年保持30%以上的主营业务收入增长率，基本上可以认为这家公司具备成长性。

2.主营利润增长率

主营利润增长率，即本期主营业务利润减去上期主营利润之差再除以上期主营业务利润的比值。一般来说，主营利润稳定增长且占利润总额的比例呈增长趋势的公司正处在成长期。一些公司尽管年度内利润总额有较大幅度的增加，但主营业务利润却未相应增加，甚至大幅下降，这样的公司质量不高，投资这样的公司，尤其需要警惕。这里可能蕴藏着巨大的风险，也可能存在资产管理费用居高不下等问题。

3.净利润增长率

净利润增长率，即本年净利润减去上年净利润之差再除以上期净利润的比值。净利润是公司经营业绩的最终结果。净利润的增长是公司成长性的基本特征,净利润增幅较大,表明公司经营业绩突出,市场竞争能力强。反之,净利润增幅小甚至出现负增长也就谈不上具有成长性。

4.利润保留率

$$利润保留率=(税后利润-应发股利)/税后利润 \quad (8-35)$$

该指标说明企业税后利润的留存程度,反映企业的扩展能力和补亏能力。该比率越大,企业扩展能力越大。

5.再投资率

$$再投资率=(税后利润-应付利润)/股东权益 \quad (8-36)$$

该指标反映企业在一个经营周期后的成长能力。该比率越大,说明企业在本期获利大,今后的扩展能力强。

6.成本费用利润率

成本费用利润率是指企业利润总额与成本费用总额的比率,它是反映企业生产经营过程中发生的耗费与获得的收益之间关系的指标。其计算公式为:

$$成本费用利润率=利润总额/成本费用总额 \times 100\% \quad (8-37)$$

该比率越高,表明企业耗费所取得的收益越高。这是一个能直接反映增收节支、增产节约效益的指标。企业生产销售的增加和费用开支的节约,都能使这一比率提高。

7.总资产利润率

总资产利润率是企业利润总额与企业资产平均总额的比率,即过去所说的资金利润率,它是反映企业资产综合利用效果的指标,也是衡量企业利用债权人和所有者权益总额所取得盈利的重要指标。其计算公式为:

$$总资产利润率=利润总量/资产平均总额 \times 100\% \quad (8-38)$$

该比率越高,表明资产利用的效益越好,整个企业获利能力越强,经营管理水平越高。

8.权益利润率

权益利润率是企业利润总额与平均股东权益的比率,它是反映股东投资收益水平的指标。其计算公式为:

$$权益利润=利润总额/平均股东权益 \times 100\% \quad (8-39)$$

该比率越高,表明股东投资的收益水平越高,获利能力越强。反之,则收益水平不高,获利能力不强。权益利润率指标具有很强的综合性,它包含了总资产和净权益比率、总资产周转率和(按利润总额计算的)销售收入利润率这三个指标所反映的内容。各指标的关系可用公式表示如下:

$$股东权益利润率=利润总额/平均股东权益=(总资产/平均股东权益)\times (销售收入/总资产)\times (利润总额/销售收入) \quad (8-40)$$

为了反映投资者可以获得的利润,上述资本金利润率和股东权益利润率指标中的利润额,也可按税后利润计算。

9.每股收益

每股收益是衡量上市公司盈利能力较重要的财务指标,它反映普通股的获利水平。在分析时可进行公司间的比较,了解公司相对获利能力,可以进行不同时期比较,了解该公司盈利能力的变化趋势。其计算公式为:

$$每股收益=净利润/年末普通股股份总数 \quad (8-41)$$

但是,每股收益不反映该股票所含的风险,并且每股收益多,不一定意味着分红多,也并不意味现金多。

10.市盈率

市盈率是指普通股市价为每股收益的倍数。其计算公式为:

$$市盈率=每股市价/每股收益 \quad (8-42)$$

该指标反映市场对公司的期望指标,市盈率越高,表明市场对公司的未来越看好,该指标是一个动态指标。国外市盈率在15倍左右,我国是发展中的市场,市盈率平均在38倍左右是可以理解的;同时该指标反映着风险,市盈率高,风险大;反之,则风险小。

在每股收益很小或亏损时,市价不会降为零。很高的市盈率往往不能说明任何问题。市盈率的高低受净利润的影响,而净利润受可选择的会计政策的影响,从而使公司间的比较受到限制。市盈率高低受市价影响,市价变动的影响因素很多。因此,观察市盈率的长期趋势是比较重要的。

必须指出,上述各指标是从不同角度、以不同方式反映和评价企业的财务状况和经营成果,因此要充分理解各种指标的内涵及作用,并考虑各指标之间的关联性,才能对企业的生产经营状况作出正确合理的判断。

第九章
如何体现整体情况
——财务综合分析

前面我们讲的是对企业的不同方面的能力进行的分析，体现的是分离的信息，如果我们想要通过综合的指标来知晓企业整体的能力，那么就要采用综合的技术。本章向您介绍财务综合分析的常见的三种方法：沃尔分析法、杜邦分析法以及雷达图法。这些方法都是实务界用得较多的方法。

"纸上得来终觉浅，绝知此事要躬行。"在了解综合分析方法的基础上，您可以与实务相结合，选取一个企业作为分析对象，运用不同的分析方法，体验当分析师的感觉。相信您一定会受益匪浅的。

所谓财务综合分析就是将企业营运能力、偿债能力和盈利能力等方面的分析纳入一个有机的分析系统之中，全面地对企业财务状况、经营状况进行解剖和分析，从而对企业经济效益做出较为准确的评价与判断。财务综合分析的方法主要有财务比率综合评分法、杜邦财务分析体系法和雷达图法。

一个健全有效的财务综合分析体系必须具有以下特点：

1. 评价指标要全面。设置的评价指标要尽可能涵盖偿债能力、营运能力和盈利能力等各方面的考核要求。

2. 主辅指标功能要匹配。在分析中要做到：①要明确企业分析指标的主辅地位；②要能从不同侧面、不同层次反映企业财务状况，揭示企业经营业绩。

3. 满足各方面经济需求。设置的指标评价体系既要能满足企业内部管理者决策的需要，也要能满足外部投资者和政府管理机构决策及实施宏观调控的要求。

第一节　沃尔分析法

1928年，亚历山大·沃尔出版的《信用晴雨表研究》和《财务报表比率分析》中提出了信用能力指数的概念，他选择了7个财务比率即流动比率、产权比率、固定资产比率、存货周转率、应收账款周转率、固定资产周转率和自有资金周转率，分别给定各指标的比重，然后确定标准比率（以行业平均数为基础），将实际比率与标准比率相比，得出相对比率，将此相对比率与各指标比重相乘，得出总评分。提出了综合比率评价体系，把若干个财务比率用线性关系结合起来，以此来评价企业的财务状况。这种财务比率综合评分法分类，如图9-1所示。

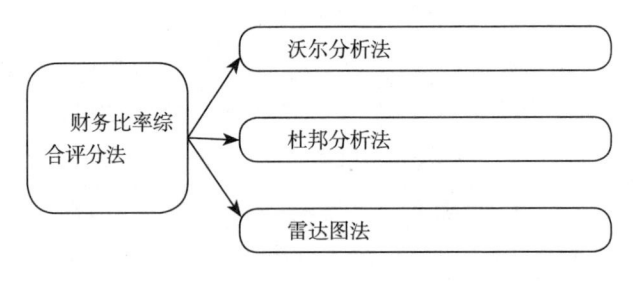

图9-1　财务比率综合评分法

一、沃尔分析法简介

沃尔分析法主要是将若干财务指标通过线性组合，形成综合性的分值来评判企业的信用水平，它在企业财务指标综合评判中的基本程序如下：

（1）选择评价企业财务状况的比率指标。

（2）确认这些评判指标的权数比重。

（3）确定这些评判指标的标准值（该标准值可以是企业的预算标准值或行业的平均值等）。

（4）计算这些指标的实际值。

（5）求出评判指标实际值和标准值的相对比率。其计算公式为：

各项评价指标的得分=各项指标的权重×（指标的实际值/指标的标准值）

(9-1)

（6）求出评判指标的综合分数（一般用百分制表示）。

由此可见，利用沃尔分析法对企业财务指标进行统计分析大体可以分为两大步骤：综合评分标准的确定，上述程序（1）到程序（3）；公司财务状况实际评分，上述程序（4）到程序（6）。

最后，根据综合指数的大小评价企业财务状况的优劣。如果最后综合得分等于或者接近100分，说明其财务状况良好，达到了预先设定的标准；如果最后的得分低于100分很多，说明其财务状况较差，应采取措施加以改善；如果最后综合得分超过100分，说明其财务状况很理想。

二、沃尔分析法的案例

现代社会与沃尔所处的时代相比，已经发生很大的变化。沃尔最初提出的七项指标已经难以完全适用当前企业评价的需要。现在通常认为，在选择评价指标时，应包括偿债能力、运营能力、获利能力和发展能力等方面的指标。除此之外，还应当选取一些非财务指标作为参考。表9-1为ABC公司的沃尔分析法的应用。

表9-1 ABC公司沃尔分析法应用

评价内容	权数	基本指标		评价步骤				
		指标	权数 (1)	标准值 (2)	实际值 (3)	关系比率 (4)=(3)/(2)	实际得分 (5)=(4)×(1)	
一、财务效益状况	38	净资产收益率	25	14.20%	29.98%	2.11	52.79	
		总资产报酬率	13	13.10%	21.55%	1.64	21.38	
二、资产营运状况	18	总资产周转率	9	1.5	1.05	0.70	6.28	
		流动资产周转率	9	4.5	1.98	0.44	3.95	

续表

评价内容	权数	基本指标		评价步骤				
		指标	权数 (1)	标准值 (2)	实际值 (3)	关系比率 (4)=(3)/(2)	实际得分 (5)=(4)×(1)
三、偿债能力状况	20	资产负债率	12	43.50%	54.37%	1.25	15.00
		已获利息倍数	8	7.2	5.43	0.75	6.03
四、发展能力状况	24	销售（营业）增长率	12	26.70%	61.11%	2.29	27.47
		资本积累率	12	23.10%	35.82%	1.55	18.61
合计			100				151.51

  由于ABC公司的综合得分为151.51分，大于100分，说明其财务状况的整体水平优于评价标准。

  从当前我国企业财务综合评判的情况来看，沃尔分析的局限性主要表现在两个方面：

  首先，表现在综合评分标准的确定过程中，沃尔分析法在理论上的一个明显不足就在于无法证明每个指标所占的权数的合理性，因此有关指标的权数确定只有结合具体企业的情况以及该行业长期实践进行不断的修正，才能设置出较为合理的权数比重。由于各项评价指标的得分等于各项指标的权重乘以指标的实际值与标准值的比率，就意味着当某项指标实际值大于标准值时，该指标的得分就会越高。在实务中，有些指标可能是低于标准值才是理想值。但是，用该公式计算出来分数却是低于标准分，显然与实际不符。因此，在指标选择上，应注意评价指标的同向性，对于不同向的指标应进行同向化处理或是选择其他替代指标，例如资产负债率就可以用其倒数的值来代替。

  其次，表现在沃尔分析法对公司财务状况实际评分，当某一个指标值严重异常时，会对总评分产生不合逻辑的重大影响。例如，当某一单项指标的实际值畸高时，会导致最后总分大幅度增加，掩盖了情况不良的指标，从而出现"一美遮百丑"的现象。因此，在实务运用时，可以设定各指标得分值的上限或下限，如按标准值的 1.5 倍定分数上限，0.5 倍定分数下限，如表 9-2 所示。

表 9-2 沃尔分析法改进应用

评价内容	权数	基本指标	评价步骤				
		指标	权数	标准值	实际值	关系比率(4)=(3)/(2)		实际得分
			(1)	(2)	(3)	实际比率	调整比率	(5)=(4)×(1)
一、财务效益状况	38	净资产收益率	25	14.20%	29.98%	2.11	1.50	52.79
		总资产报酬率	13	13.10%	21.55%	1.64	1.50	21.38
二、资产营运状况	18	总资产周转率	9	1.5	1.05	0.70	0.70	6.28
		流动资产周转率	9	4.5	1.98	0.44	0.50	3.95
三、偿债能力状况	20	资产负债率	12	43.50%	54.37%	1.25	1.25	15.00
		已获利息倍数	8	7.2	5.43	0.75	0.75	6.03
四、发展能力状况	24	销售（营业）增长率	12	26.70%	61.11%	2.29	1.50	27.47
		资本积累率	12	23.10%	35.82%	1.55	1.50	18.61
合计			100					151.51

总之，沃尔比重评分法是评价企业总体财务状况的一种比较可取的方法，这一方法的关键在于指标的选定、权重的分配以及标准值的确定等。

第二节　杜邦分析法

一、杜邦分析法的意义

1.符合公司的理财目标

关于公司的理财目标，欧美国家的主流观点是股东财富最大化；日本等亚洲国家的主流观点是公司各个利益群体的利益有效兼顾。从股东财富最大化这个理财目标，我们不难看出，杜邦公司把股东权益收益率作为杜邦分析法核心指标的原因所在。股东财富最大化是公司的理财目标，而股东权益收益率又是反映股东财富增值水平最为敏感的内部财务指标，所以杜邦公司在设计和运用这种分析方法时把股东权益收益率作为分析的核心指标。

2.有利于委托代理关系

股东投资者使用杜邦分析法，其侧重点主要在于权益收益率多少、权益收益率升降影响、权益收益率升降的原因、相关财务指标的变动对权益收益率将会造成什么影响、应该如何激励和约束经营者的经营行为才能确保权益收益率达到要求。而经营者使用杜邦分析法其侧重点主要在于经营结果是否达到了投资者对权益收益率的要求；如果经营结果达到了投资者对权益收益率的要求，经营者的薪金将会达到多少、职位是否会稳中有升；如果经营结果达不到投资者对权益收益率的要求，薪金将会降为多少、职位是否会被调整；应该重点关注哪些财务指标、采取哪些有力措施才能使经营结果达到投资者对权益收益率的要求，才能使经营者薪金和职位都稳中有升。

二、杜邦分析法体系

杜邦分析法是利用几种主要的财务比率之间的关系来综合地分析企业的财务状况，这种分析方法最早由美国杜邦公司使用，故名杜邦分析法。杜邦分析法是一种用来评价公司盈利能力和股东权益回报水平，从财务角度评价企业绩效的一种经典方法。其基本思想是将企业净资产收益率逐级分解为多项财务比率乘积,这样有助于深入分析比较企业经营业绩。图9-2即为杜邦分析体系。

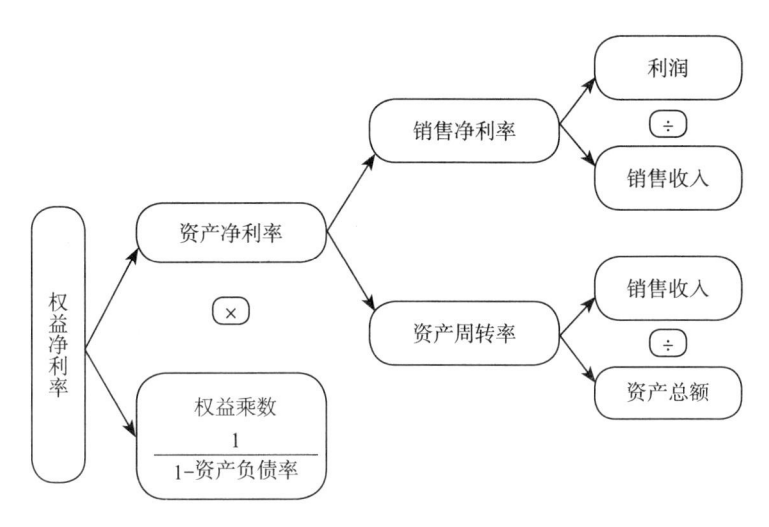

图9-2 杜邦分析体系

在杜邦分析图将净资产收益率分解为三部分:利润率、总资产周转率和财务杠杆。净资产收益率反映所有者投入资本的获利能力,反映企业筹资、投资、资产运营等活动的效率,它是一个综合性最强、最具代表性的指标,是杜邦系统的核心,该指标的高低取决于总资产净利率与权益乘数。

资产净利率是净利润与总资产平均余额之比,它等于销售净利率与总资产周转率之积。资产净利率是影响权益净利率的最重要的指标,具有很强的综合性,而资产净利率又取决于销售净利率和总资产周转率的高低。总资产周转率是反映总资产的周转速度。对资产周转率的分析,需要对影响资产周转的各因素进行分析,以判明影响公司资产周转的主要问题在哪里。销售净利率反映销售收入的收益水平。扩大销售收入,降低成本费用是提高企业销售利润率的根本途径,而扩大销售,同时也是提高资产周转率的必要条件和途径。

权益乘数是平均资产与平均权益之比,等于1-资产负债率之差的倒数,用公式表示:

$$权益乘数 = \frac{1}{1-资产负债率} \qquad (9-2)$$

资产负债率是指全年平均资产负债率，它是企业全年平均负债总额与全年平均资产总额之比。权益乘数主要受资产负债率的影响。负债比率大，权益乘数就高，说明企业有较高的负债程度，给企业带来了较多的杠杆利益，同时也给企业带来了较多的风险。企业既要充分有效地利用全部资产，提高资产利用效率，又要妥善安排资金结构。

销售净利率是净利润与销售收入之比，它是反映企业盈利能力的重要指标。提高这一比率的途径有扩大销售收入和降低成本费用等。

资产周转率是销售收入与资产平均总额之比，是反映企业运用资产以产生销售收入能力的指标。对资产周转率的分析，除了对资产构成部分从总占有量上是否合理进行分析外，还可通过流动资产周转率、存货周转率、应收账款周转率等有关资产使用效率的分析，以判明影响资产周转的主要问题所在。

杜邦财务指标体系的作用在于解释指标变动的原因和变动趋势。杜邦体系通过自上而下地分析、指标的层层分解来揭示出企业各项指标间的结构关系，查明各主要指标的影响因素，为决策者优化经营理财状况，提高企业经营效率提供思路。

杜邦模型最显著的特点是将若干个用以评价企业经营效率和财务状况的比率按其内在联系有机地结合起来，形成一个完整的指标体系，并最终通过权益收益率来综合反映。采用这一方法，可使财务比率分析的层次更清晰、条理更突出，为报表分析者全面仔细地了解企业的经营和盈利状况提供方便。

杜邦分析法有助于企业管理层更加清晰地看到权益资本收益率的决定因素，以及销售净利润率与总资产周转率、债务比率之间的相互关联关系，给管理层提供了一张明晰的考察公司资产管理效率和是否最大化股东投资回报的路线图。

三、杜邦分析法案例

杜邦财务分析法可以解释指标变动的原因和变动趋势，以及为采取措施指明方向。下面以A公司为例，说明杜邦分析法的运用。

A公司的基本财务数据如表9-3所示：

表 9-3 基本财务数据

时间	净利润	销售收入	资产总额	负债总额	全部成本
2018 年	10 284.04	411 224.01	306 222.94	205 677.07	403 967.43
2019 年	12 653.92	757 613.81	330 580.21	215 659.54	736 747.24

该公司 2018 年和 2019 年财务比率如表 9-4 所示：

表 9-4 财务比率

时间	权益净利率	权益乘数	资产负债率	资产净利率	销售净利率	总资产周转率
2018 年	0.097	3.049	0.672	0.032	0.025	1.34
2019 年	0.112	2.874	0.652	0.039	0.017	2.29

权益净利率指标是衡量企业利用资产获取利润能力的指标。权益净利率充分考虑了筹资方式对企业获利能力的影响，因此它所反映的获利能力是企业经营能力、财务决策和筹资方式等多种因素综合作用的结果。

该公司的权益净利率在 2018 年至 2019 年间出现了一定程度的好转，从 2018 年的 0.097 增加至 2019 年的 0.112，企业的投资者在很大程度上依据这个指标来判断是否投资或转让股份，考察经营者业绩和决定股利分配政策。这些指标对公司的管理者也至关重要。

公司经理为改善财务决策而进行财务分析，他们可以将权益净利率分解为权益乘数和资产净利率，以找到问题产生的原因。

$$权益净利率 = 权益乘数 \times 资产净利率 \qquad (9-3)$$

2018 年　0.097=3.049×0.032

2019 年　0.112=2.874×0.039

通过分解可以明显地看出，该公司权益净利率的变动是资本结构（权益乘数）变动和资产利用效果（资产净利率）变动两方面共同作用的结果。而该公司的资产净利率太低，显示出很差的资产利用效果。

经过分解表明，权益净利率的改变是由于资本结构的改变（权益乘数下降），同时资产利用和成本控制出现变动（资产净利率也有改变）。那么，我们继续对资产净利率进行分解：

$$资产净利率 = 销售净利率 \times 总资产周转率 \quad (9-4)$$

2018 年　0.032=0.025×1.34

2019 年　0.039=0.017×2.29

通过分解可以看出 2019 年的总资产周转率有所提高，说明资产的利用得到了比较好的控制，显示出比前一年较好的效果，表明该公司利用其总资产产生销售收入的效率在增加。总资产周转率提高的同时销售净利率的减少阻碍了资产净利率的增加，我们接着对销售净利率进行分解：

$$销售净利率 = 净利润 / 销售收入 \quad (9-5)$$

2018 年　0.025=10 284.04 / 411 224.01

2019 年　0.017=12 653.92 / 757 613.81

该公司 2019 年大幅度提高了销售收入，但是净利润的提高幅度却很小，分析其原因是成本费用增多，从表 9-3 可知：全部成本从 2018 年 403 967.43 万元增加到 2019 年 736 747.24 万元，与销售收入的增加幅度大致相当。下面是对全部成本进行的分解：

$$全部成本 = 制造成本 + 销售费用 + 管理费用 + 财务费用 \quad (9-6)$$

2018 年　403 967.43=373 534.53+10 203.05+18 667.77+1 562.08

2019 年　736 747.24=684 559.91+21 442.96+25 718.20+5 026.17

通过分解可以看出杜邦分析法有效地解释了指标变动的原因和趋势，为采取应对措施指明了方向。

在本例中，导致权益利润率小的主原因是全部成本过大。也正是因为全部成本的大幅度提高导致了净利润提高幅度不大，而销售收入大幅度增加，就引起了销售净利率的减少，显示出该公司销售盈利能力的降低。资产净利率的提高当归功于总资产周转率的提高，销售净利率的减少却起到了阻碍的作用。

A 公司下降的权益乘数，说明其资本结构在 2018 年至 2019 年发生了变动，2019 年的权益乘数较 2018 年有所减小。权益乘数越小，企业负债程度越低，偿还债务能力越强，财务风险程度越低。这个指标同时也反映了财务杠杆对利润水平的影响。财务杠杆具有正反两方面的作用。在收益较好的年度，它可以使股东获得的潜在报酬增加，但股东要承担因负债增加而引起的风险；在收益不好的年度，则可能使股东潜在的报酬下降。该公司的权益乘数一直处于2～5，也即负债率在50%～80%，属于激进战略型企业。管理者应该准确把握公司所处的环境，准确预测利润，合理控制负债带来的风险。

因此，对于A公司，当前最为重要的就是要努力减少各项成本，在控制成本上下力气。同时要保持自己高的总资产周转率。这样，可以使销售利润率得到提高，进而使资产净利率有大的提高。

四、杜邦分析法缺陷及改进

从企业绩效评价的角度来看，杜邦分析法只包括财务方面的信息，不能全面反映企业的实力，有很大的局限性，在实际运用中需要加以注意，必须结合企业的其他信息加以分析。主要表现在：①对短期财务结果过分重视，有可能助长公司管理层的短期行为，忽略企业长期的价值创造；②财务指标反映的是企业过去的经营业绩，衡量工业时代的企业能够满足要求，但在目前的信息时代，顾客、供应商、雇员、技术创新等因素对企业经营业绩的影响越来越大，而杜邦分析法在这些方面是无能为力的；③在目前的市场环境中，企业的无形知识资产对提高企业长期竞争力至关重要，杜邦分析法却不能解决无形资产的估值问题。

帕利普财务分析体系是美国哈佛大学教授帕利普对杜邦财务分析体系进行变形、补充而发展起来的。帕利普在其《企业分析与评价》一书中，将财务分析体系中的常用的财务比率分为四大类：偿债能力比率、盈利比率、资产管理效率比率、现金流量比率。帕利普财务分析的原理是将某一个要分析的指标层层展开，这样便可探究财务指标发生变化的根本原因。

1.可持续增长率——统一财务比率

从长远看企业的价值取决于企业的盈利和增长能力。这两项能力又取决于其产品市场战略和资本市场战略；而产品市场战略包括企业的经营战略和投资战略，资本市场战略又包括融资战略和股利政策。财务分析的目的就是评价企业在经营管理、投资管理、融资战略和股利政策四个领域的管理效果。可持续增长率是企业在保持利润能力和财务政策不变的情况下能够达到的增长比率，它取决于净资产收益率和股利政策。因此，可持续增长率将企业的各种财务比率统一起来，以评估企业的增长战略是否可持续，其原理如图9-3所示。

```
                    可持续增长率
                    ／        ＼
                   ／          股利支付率
              净资产收益率
           ／       ｜       ＼
      净利润率   资产周转率   财务杠杆作用
```

净利润率：
- 主营业务成本/销售额
- 毛利润/销售额
- 其他业务利润/销售额
- 营业费用/销售额
- 管理费用/销售额
- 财务费用/销售额
- 营业利润/销售额
- 非营业外收益/销售额
- 税前利润/销售额

资产周转率：
- 资产周转率
- 营运资金周转率
- 应收账款周转率
- 存货周转率
- 应付账款周转率
- 固定资产周转率

财务杠杆作用：
- 流动比率
- 速动比率
- 超速动比率
- 营业现金流动比率
- 资产负债比率
- 有形净值债务率
- 利息保障倍数

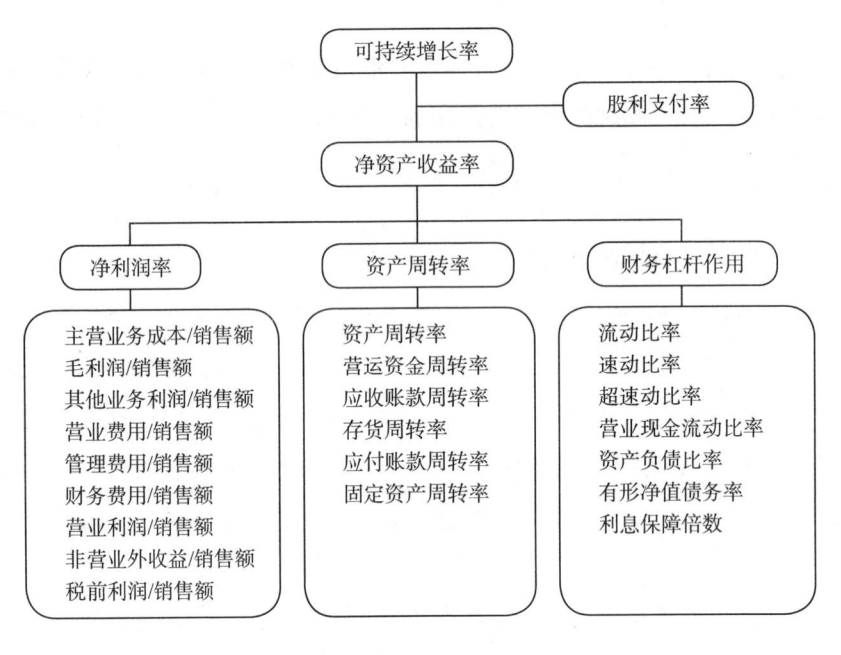

图9-3　可持续增长率分析

$$可持续增长率 = 净资产收益率 \times (1-股利支付比率) \quad (9-7)$$

$$净资产收益率（ROE）= 净利润/所有者权益平均余额 \quad (9-8)$$

2.分析利润动因——分解净资产收益率

企业的净资产收益率受两个因素的影响：企业利用资产的有效性、与股东的投资相比企业的资产基础有多大。

$$净资产收益率 = 资产收益率 \times 财务杠杆 \quad (9-9)$$

为了更直观地了解利润的动因，我们将净资产收益率进一步分解为：

$$净资产收益率 = 净利润率 \times 资产周转率 \times 财务杠杆 \quad (9-10)$$

此分解后的公式表明：影响企业净利润的动因是净利润率、资产周转率和财务杠杆作用。

3.评估经营管理——分解净利润率

净利润率表明企业经营活动的盈利能力，因此，对净利润率进行分解能够评估企业的经营管理效率。常用的分析工具是共同尺度损益表，即该表中的所有项目都用一个销售收入比率表示。共同尺度损益表可用于企业一段时间损益表各项目的纵向比较，也可用于行业内企业间的横向比较。通过分析共同尺度损益表，我们可以了解企业的毛利率与其竞争战略的关系、变动的主要原因、期间费用率与其竞争关系、变动的原因、企业的经营管理的效率等。

4.评估投资管理——分解资产周转率

对资产周转率的详细分析可评估企业投资管理的效率。资产管理分为流动资金管理和长期资产管理。流动资金管理分析的重点是应收账款、存货和应付账款。评估资产管理效率的主要财务指标有资产周转率、存货周转率、应收账款周转率、应付账款周转率、固定资产周转率、营运资金周转率。通过分析这些财务指标可评估企业的投资管理效果。

5.评估财务管理——检验财务杠杆的作用

财务杠杆使企业拥有大于其产权的资产基础，即企业通过借款和一些不计息债务等来增加资本。只要债务的成本低于资产收益率，财务杠杆就可以提高企业的净资产收益率，但同时财务杠杆也加大了企业的风险。评估企业财务杠杆风险程度的财务指标有流动比率、速动比率、超速动比率和营业现金流动比率等流动性比率以及资产负债比可持续增长率统一财务比率框架率、有形净值负债率和利息保障倍数等长期偿债比率。

第三节 雷达图法

一、雷达图法的内涵

雷达图分析法亦称综合财务比率分析图法，又可称为戴布拉图、蜘蛛图，是对企业经营情况进行系统分析的一种有效方法。按这种方法所绘制的财务比率综合图状似雷达，故得此名。

雷达图解决的问题有：①综合分析和评价企业经营状况；②寻找企业的优势和弱势；③在经理人的日常管理中，也可以用这个图来分析所在部门的工作业绩处于什么水平。

雷达图是对客户财务能力分析的重要工具，从动态和静态两个方面分析客户的财务状况。静态分析将客户的各种财务比率与其他相似客户或整个行业的财务比率作横向比较；动态分析把客户现时的财务比率与先前的财务比率作纵向比较，就可以发现客户财务及经营情况的发展变化方向。雷达图把纵向和横向的分析比较方法结合起来，计算综合客户的收益性、安全性、流动性、成长性及生产性五类指标。

1.收益性指标

分析收益性指标，目的在于观察客户一定时期的收益及获利能力。主要指标含义及计算公式如表9-5所示。

表9-5 企业收益性指标

收益性比率	基础含义	计算公式
资产报酬率	反映企业总资产的利用效果	（净收益+利息费用+所得税）/平均资产总额
所有者权益报酬率	反映所有者权益的回报	税后净利润/所有者权益
普通股权益报酬率	反映股东权益的报酬	（净利润－优先股股利）/平均普通股权益
普通股每股收益额	反映股东权益的报酬	（净利润－优先股股利）/普通股股数
股利发放率	反映股东权益的报酬	每股股利/每股利润
市盈率	反映股东权益的报酬	普通股每股市场价格/普通股每股利润
销售利税率	反映企业销售收入的收益水平	利税总额/净销售收入
毛利率	反映企业销售收入的收益水平	销售毛利/净销售收入
净利润率	反映企业销售收入的收益水平	净利润/净销售收入
成本费用利润率	反映企业为取得利润所付的代价	（净收益+利息费用+所得税）/成本费用总额

2. 安全性指标

安全性指的是客户经营的安全程度，也可以说是资金调度的安全性。分析安全性指标，目的在于观察客户在一定时期内的偿债能力。主要指标含义及计算公式如表9-6所示。

表9-6 企业安全性指标

安全性比率	基础含义	计算公式
流动比率	反映企业短期偿债能力和信用状况	流动资产/流动负债
速动比率	反映企业立刻偿付流动负债的能力	速动资产/流动负债
资产负债率	反映企业总资产中有多少负债	负债总额/资产总额
所有者权益比率	反映企业总资产中有多少所有者权益	所有者权益/资产总额
利息保障倍数	反映企业经营所得偿付借债利息的能力	（税前利润－利息费用）/利息费用

其中流动负债说明每1元负债有多少流动资金作为保证，比率越高，流动负债得到偿还的保障就越大。但比率过高，则反映客户滞留在流动资产上的资金过多，未能有效利用，可能会影响客户的获利能力。经验认为，流动比率在2:1左右比较合适。从流动资产中扣除存货后则为"速动资产"，经验认为，速动比率在1:1左右较为合适。

资产负债率越高，客户借债资金在全部资金中所占比重越大，在负债所支付的利息率低于资产报酬率的条件下，股东的投资收益率就越高，对股东有利，说明经营有方，善用借债。但是，比率越高，借债越多，偿债能力就越差，财务风险就越大。而负债比率越低，说明客户在偿债时存在资金缓冲。因此，资产负债率也要保持适当水平，一般说来，低于50%的资产负债率比较好。

所有者权益比率与资产负债率之和等于1，所有者权益比率越大，资产负债比率越小，财务风险就越小；利息保障倍数如果比率低于1，说明客户经营所得还不足以偿付借债利息，因此，该比率至少应大于1。比率越高，说明按时按量支付利息就越有保障。

3. 流动性指标

分析流动性指标，目的在于观察客户在一定时期内资金周转状况，掌握客户资金的运用效率。主要指标含义及计算公式如表9-7所示。

表9-7 企业流动性指标

流动性比率	基础含义	计算公式
总资产周转率	反映全部资产的使用效率	销售收入/平均资产总额
固定资产周转率	反映固定资产的使用效率	销售收入/平均固定资产总额
流动资产周转率	反映流动资产的使用效率	销售收入/平均流动资产总额
应收账款周转率	反映年度内应收账款的变现速度	销售收入/平均应收账款
存货周转率	反映存货的变现速度	销售成本/平均存货

总资产周转率、固定资产周转率、流动资产周转率分别反映全部资产、固定资产和流动资产的使用效率，比率越高，说明资产利用率越高，获利能力强；应收账款周转率反映年度内应收账款转为现金的平均次数，比率越高，说明客户催收账款的速度越快，坏账损失的可能性越小；存货周转率越高，说明投入存货至销售收回的平均期间就越短，资金回收越快，效率越高。

4. 成长性指标

分析成长性指标，目的在于观察客户在一定时期内经营能力的发展变化趋势，一个客户即使收益性高，但成长性不好，也就表明其未来盈利能力下降。因此，以发展的眼光看客户，动态地分析客户财务资料，对战略制定来讲特别重要。主要指标含义及计算公式如表9-8所示。

表9-8 企业成长性指标

成长性比率	基本含义	计算公式
销售收入增长率	反映销售收入变化趋势	本期销售收入/前期销售收入
税前利润增长率	反映税前利润变化趋势	本期税前利润/前期税前利润

续表

成长性比率	基本含义	计算公式
固定资产增长率	反映固定资产变化趋势	本期固定资产/前期固定资产
人员增长率	反映人员变化趋势	本期职工人数/前期职工人数
产品成本降低率	反映产品成本变化趋势	本期产品成本/前期产品成本

5.生产性指标

分析生产性指标，目的在于了解一定时期内客户的生产经营能力、水平和成果的分配。主要指标含义及计算公式如表9-9所示。

表9-9 企业生产性指标

生产性比率	基本含义	计算公式
人均销售收入	反映企业人均销售能力	销售收入/平均职工人数
人均净利润	反映企业经营管理水平	净利润/平均职工人数
人均资产总额	反映企业生产经营能力	资产总额/平均职工人数
人均工资	反映企业成果分配状况	工资总额/平均职工人数

上述客户财务能力的五性分析结果可以用雷达图表示出来，如图9-4所示。雷达图的绘制方法是：首先，画出三个同心圆，同心圆的最小圆圈代表同行业平均水平的1/2值或最低水平，中间圆圈代表同行业平均水平，又称标准线，最大圆圈代表同行业先进水平或平均水平的1.5倍；其次，把这三个圆圈平均。分成五个扇形区，分别代表收益性、安全性、流动性、成长性和生产性指标区域；再次，从5个扇形区的圆心开始以放射线的形式分别画出相应的财务指标线，并标明指标名称及标度，财务指标线的比例尺及同心圆的大小由该经营比率的量纲与同行业的水平来决定；最后，把客户同期的相应指标值用点标在图上，以线段依次连接相邻点，形成的多边形折线闭环，就代表了客户的现实财务状况。

依据图9-4我们可以看出，当指标值处于标准线以内时，说明该指标低于同行业水平，需要加以改进；若接近最小圆圈或处于其内，说明该指标处于极差状态,是客户经营的危险标志;若处于标准线外侧,说明该指标处于较理想状态,是客户的优势所在。当然,并不是所有指标都处于标准线外侧就是最好,还要具体指标具体分析。

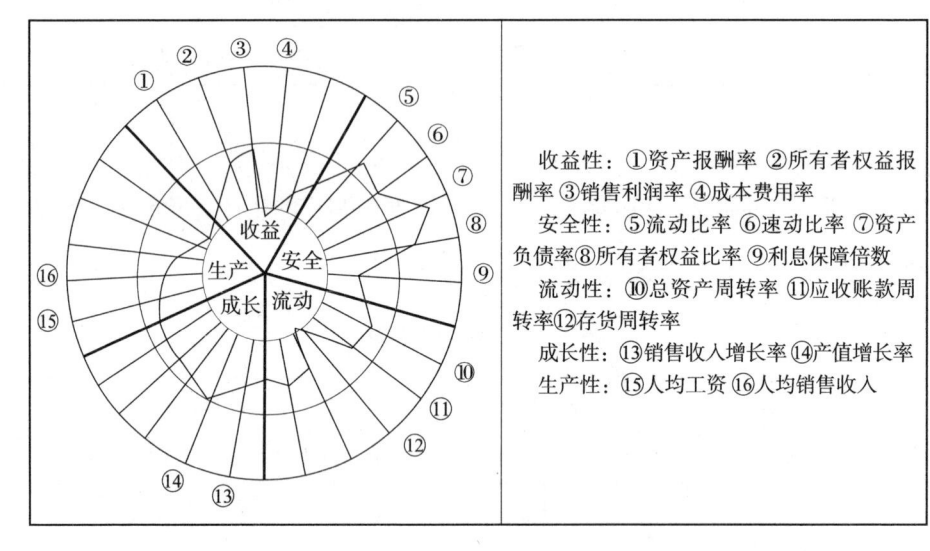

收益性:①资产报酬率 ②所有者权益报酬率 ③销售利润率 ④成本费用率
安全性:⑤流动比率 ⑥速动比率 ⑦资产负债率 ⑧所有者权益比率 ⑨利息保障倍数
流动性:⑩总资产周转率 ⑪应收账款周转率 ⑫存货周转率
成长性:⑬销售收入增长率 ⑭产值增长率
生产性:⑮人均工资 ⑯人均销售收入

图9-4　雷达图分析法

二、雷达图法改进

由于财务分析雷达图具有全面、清晰、直观、易判断等特点,所以它诞生以来一直受到财务分析报告阅读者的青睐。但传统财务分析雷达图还存在不足之处。它虽然运用了大量的定量指标,从财务的角度看对企业的评价也较全面,但它的定量指标是孤立的,缺乏与横向同行业和同类型企业比较的量化指标,雷达图描述的指标轨迹只是企业自身业绩的一种自我孤立反映,因而其评价概念是模糊的,难以得出客观的量化评价结论。这样的效果显然不够理想。它既不便于企业之间进行比较,也不便于对本企业历年财务状况进行比较,因此,传统财务分析雷达图的这些不完善的方面需要改进。

为使财务分析对企业的评价结论客观,必须扬弃传统财务分析雷达图缺乏定量比较指标的模糊性。这就需要制定一个统一的分类标准,以确切界定评价对象。基于此,可以对企业财务各条比率线上的各项指标予以标准化,使雷达图多边形面积的大小与企业的财务状况形成一定的比例关系,这种比例关系与雷达图基准圆面积的对比可得出一个关于企业财务状况的简单评分,再根据综合评分结果,按企业等级划分标准对企业进行等级划分。下面通过伊利股份的案例说明。

(1)确定指标体系。运用改进后的财务分析雷达图时,首要工作是确定指标体系。指标体系可以根据分析目的自行选择,也可以选用常用的指标体系,比如杜邦分析体系中的指标体系或者国有资本金业绩评价标准中的指标体系。本节为了介绍改进后的财务分析雷达图的运用,简单地以国有资本金业绩评价标准中的基本指标为蓝本,其权重也以国有资本金业绩评价标准中基本指标的权重配置。

基于上述考虑笔者选取了盈利能力、偿债能力、资产运营能力和成长能力四个方面的财务比率指标:①盈利能力包括:净资产收益率、总资产收益率和成本费用利润率。②偿债能力包括:资产负债率、已获利息倍数和速动比率(含流动比率)。③资产运营能力包括:总资产周转率、流动资产周转率和应收账款周转率。④成长能力包括:销售增长率、资本积累率和三年销售平均增长率。

(2)确定指标权重。本节采用竞争工商企业评价指标体系中所确定的权重,如表9-10所示。

表9-10 工商企业绩效评价指标权重

财务指标	权重	财务指标	权重
净资产收益率	15%	资产负债率	15%
总资产报酬率	12%	已获利息倍数	12%
成本费用利润率	15%	速动比率	15%
总资产周转率	6%	销售增长率	6%
流动资产周转率	6%	资本积累率	6%
应收账款周转率	6%	三年销售平均增长率	6%

本节选取伊利股份2019年年度财务报告作为分析样本。伊利股份属于大型的乳制品企业,具有国际先进的生产技术,产品市场占有率高,产品几

乎遍布全国各省市。其品牌知名度高，是乳制品中的几大名牌之一。伊利股份在行业中表现上乘，作为一个上市公司它在股票市场上表现也相当不错，是2019年年度绩优股前100强。

上市公司伊利股份2019年年度财务报告计算的有关指标值如表9-11所示。

表9-11 伊利股份指标值

财务指标	指标值	权重	财务指标	指标值	权重
净资产收益率	12.92%	15%	资产负债率	52.3%	15%
总资产报酬率	9.02%	12%	已获利息倍数	34.3	12%
成本费用利润率	5.78%	15%	速动比率	0.68	15%
总资产周转率	2.36	6%	销售增长率	34.9%	6%
流动资产周转率	4.2	6%	资本积累率	10.3%	6%
应收账款周转率	80	6%	三年销售平均增长率	24.56%	6%

本节选用的标准值是国有资本金业绩评价标准中乳制品行业中的优良值，标准值如表9-12所示。

表9-12 乳制品企业绩效评价指标权重

财务指标	权重	财务指标	权重
净资产收益率	14.1%	资产负债率	44.9%
总资产报酬率	10.2%	已获利息倍数	6.6
成本费用利润率	10.5%	速动比率	1.31
总资产周转率	1.9	销售增长率	26.7%
流动资产周转率	3.5	资本积累率	7.6%
应收账款周转率	18.1	三年销售平均增长率	24.5%

各指标值经过审核确认和选定权重标准值以后，可以按照前述步骤画出伊利股份2019年度的财务分析雷达图9-5。

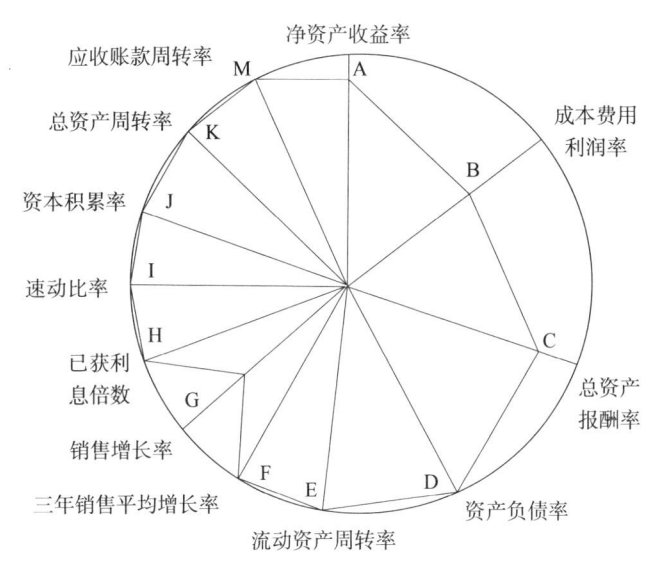

图9-5 伊利股份2019年度财务分析雷达图

从图9-5可知，企业的标准化面积W等于多边形ABCDEFGHIJKM的面积S与标准圆面积N的比值，即W=（S/N）×100%=227.66/314.16=72.5%，依照本节评判标准评定的结果伊利股份属于良好企业（B级），按照综合评分的计算步骤计算出来的伊利股份的综合评分是86分，根据综合评分等级判断，伊利股份属于B+类企业，即属于优秀级企业。

若以本节改进后的财务分析雷达图模型评价的结果，则伊利股份也属于良好级企业，这个评价结果比综合评分得出的结果稍微低些。这是因为本节选取的标准值是伊利股份所在乳制品行业的优秀值，用高标准来衡量，体现了会计的谨慎性原则。所以可以认为这样评价的结果更可靠，评价的可信度更高。总之，改进后的财务分析雷达图还是比较真实地反映出了伊利股份的财务状况。

第十章
有章可循
——上市公司信息披露制度

上市公司通过证券市场向社会公众筹集资金，自然需要有个"交代"：资金的使用方向、企业的经营情况、发生的重大事项……这些信息的披露需要遵循一定的原则及要求，以保证投资者了解被投资企业的基本信息，从而为他们的投资决策提供帮助。可以说信息披露制度是对投资者的一种保护。

本章将向您介绍上市公司需要披露哪些方面的信息，以及企业会计准则对上市公司信息披露的影响。

第一节 上市公司信息披露概述

信息披露主要是指公众公司以招股说明书、上市公告书以及定期报告和临时报告等形式，把公司及与公司相关的信息，向投资者和社会公众公开披露的行为。

上市公司信息披露是公众公司向投资者和社会公众全面沟通信息的桥梁。目前，投资者和社会公众对上市公司信息的获取，主要是通过大众媒体阅读各类临时公告和定期报告。投资者和社会公众在获取这些信息后，可以作为投资抉择的主要依据。真实、全面、及时、充分地进行信息披露至关重要，只有这样，才能对那些持价值投资理念的投资者真正有帮助。

一、上市公司信息披露的原则

上市公司根据有关规范的规定披露会计信息时，应遵循如下基本原则，以保证所披露信息的质量，满足信息使用者的需求。

1.可靠性

可靠性要求上市公司所披露的会计信息应以客观事实为依据，真实，完整地反映公司状况，不得以虚假信息欺骗，误导信息使用者。披露信息必须可靠，不能错误引导用户的判断，不能进行虚假的误导性的陈述，也不得有重大遗漏。要使信息可靠，财务会计报告中的信息必须在重要性和成本的许可范围内做到完整。遗漏能造成信息虚假或令人误解，从而使信息不可靠并且在相关性上留有缺陷。当信息没有重要错误或偏向并且能够忠实反映其所拟反映或理当反映的情况以供使用者作依据时，信息就具备了可靠性。

2.相关性

相关性要求上市公司所披露的会计信息具有反馈价值和预测价值，有助于投资者做出正确的决策。信息披露不能一厢情愿地主观决定，而应当根据市场用户的需求，规范信息披露的形式、数量和质量，也就是与信息使用者的目的和要求息息相关。为了使信息有用，信息必须与使用者的决策需要相关。当信息能够通过帮助使用者评价过去、现在和未来事项或确认、更改他们过去的评价从而影响使用者的经济决策时，信息就具有相关性。

3.统一性

统一性有两层含义：其一，要求上市公司会计信息披露的内容、格式应保持一致；其二，要求形成会计信息的原则、程序和方法在不同公司之间及同一公司的不同期间保持一致，以便信息使用者的理解和使用。

4.时效性

时效性要求上市公司应按照法律法规和公司章程的规定，及时公布定期或临时会计信息，以满足信息使用者决策的需要。

5.充分性

充分性要求上市公司采用多种方式（包括报表、报表附注、文字说明），对可能会影响股东、债权人、政府、潜在投资者等决策的各种财务信息和非财务信息进行充分披露，不应有任何的隐瞒。

6.重要性

重要性要求上市公司披露的会计信息应主次分明，对可能会对股票价格、投资者的决策产生较大影响的事项应详尽披露；对某些次要的信息则可以简要说明，以保证信息使用者对信息的有效利用。

二、上市公司信息披露的要求

上市公司和公司债券上市交易的公司，必须依法履行信息披露义务，对投资者负责。根据《证券法》第六十三条规定，发行人的信息披露，"必须真实、准确、完整，不得有虚假记载、误导性陈述或者重大遗漏"。只有真实、准确、完整的信息，才能有助于投资者作出正确的投资判断；不真实的虚假记载、夸大事实诱导股民的误导性陈述、把与股民利润密切相关的重大信息不作公开披露的重大遗漏，都不利于中小股民正确的投资决策。

上市公司信息披露还有时效要求。上市公司必须在每个会计年度上半年结束之日起两个月内编制中期报告，并在该期限内将报告全文刊登于中国证监会指定的互联网网站，将中期报告摘要刊登于至少一种中国证监会指定的报纸上。半年度报告的公布期为7月1日至8月31日。年报则需在一年结束后的120天内披露。年报的公布期为1月15日至4月30日。重要事件应立即向证监会和交易所提交报告并予公告。

此外,信息披露还要求责任主体明确。根据《证券法》规定,发行人公告的招股说明书、公司债券募集办法、财务会计报告、上市报告文件、年度报告、中期报告、临时报告以及其他信息披露资料,有虚假记载、误导性陈述或者重大遗漏,致使投资者在证券交易中遭受损失的,发行人应当承担赔偿责任;发行人的董事、监事、高级管理人员和其他直接责任人员以及保荐人、承销的证券公司,应当与发行人承担连带赔偿责任,但是能够证明自己没有过错的除外;发行人的控股股东、实际控制人有过错的,应当与发行人承担连带赔偿责任。

第二节 上市公司信息披露的基本内容

按照《公开发行股票公司信息披露实施细则》的规定,股份有限公司公开发行股票,将其股票在证券交易所交易,必须公开披露的信息包括(但不限于)图10-1所示。

```
                    ┌── 招股说明书
                    │
                    ├── 上市公告书
                    │              ┌── 年度报告
上市公司信          │              │
息披露的基本 ───────┼── 定期报告 ──┼── 半年度报告
内容                │              │
                    │              └── 季度报告
                    │              
                    │              ┌── 收购合并报告
                    └── 临时报告 ──┤
                                   └── 重大事件报告
```

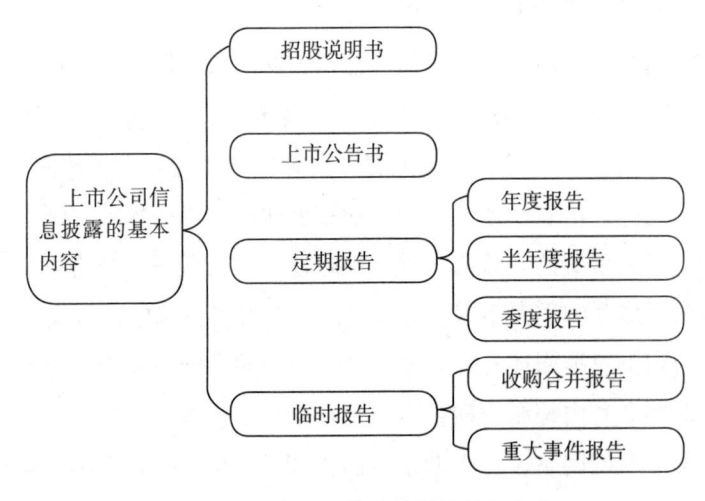

图10-1 上市公司信息披露的基本内容

一、招股说明书

　　股份有限公司的招股说明书是供社会公众了解发起人和将要设立公司的情况，说明公司股份发行的有关事宜，指导公众购买公司股份的规范性文件。公司首次公开发行股票，必须制作招股说明书。招股说明书经政府有关部门批准后，即具有法律效力，公司发行股份和发起人、社会公众认购股份的一切行为，除应遵守国家有关规定外，都要遵守招股说明书中的有关规定，违反者要承担相应的责任。一般来说，招股说明书应采用书面形式，由发起人拟订，经所有发起人认可同意后提交政府授权部门审批。

　　招股说明书的审批，一般由政府授权部门进行。目前我国只允许深圳、上海两市股票上市，上述两市设立股份有限公司的招股说明书由体改办、人民银行分行审批。其他地区具备上市交易条件的公司，只能到深圳、上海的证券交易所上市，其招股说明书由国务院股票上市办公会议审批。招股说明书经政府授权部门批准后，要由发起人通过新闻媒介予以公告，以便社会公众知晓。

　　招股说明书正文中主要载明的内容有：主要资料；释义；绪言；发售新股的有关当事人；风险因素与对策；募集资金的运用；股利分配政策；验资报告；承销；发行人情况；发行人公司章程摘录；董事、监事、高级管理人员及重要职员；经营业绩；股本；债项；主要固定资产；财务会计资料；资产评估；盈利预测；公司发展规划；重要合同及重大诉讼事项；其他重要事项；董事会成员及承销团成员的签署意见。另外，正文后面还附有招股说明书的附录及备查文件。

　　招股说明书基本原则：

　　1. 凡对投资者做出投资决策有重大影响的信息，均应予以披露。

　　2. 发行人认为有助于投资者做出投资决策的信息，发行人可增加这部分内容。

　　3. 本准则某些具体要求对发行人确实不适用的，发行人可根据实际情况做出适当修改，同时以书面形式报告证监会，并在招股书中予以说明。发行人成立不足 3 年的，应提供其自成立之日起，至进行股票公开发行准备工作之时止的经营业绩及其他资料。

如果发行人由原有企业经改制而设立，且改制不足3年，则发行人在根据本准则的要求对其历史情况进行披露时，应包括原有企业情况。

境内上市外资股的发行人，应当增加关于中国经济、政治、法律等有助于外国投资人了解中国一般情况的资料，以及有助于对发行人增加了解的其他资料。有必要时，境内上市外资股发行人还应编制招股说明书的外文文本。发行人应当保证两种文本内容的一致性。在对两种文本的理解上产生歧义时，以中文文本为准。

发行人尚未成立董事会、监事会，而由筹备机构代行其权力的，本招股说明书中凡要求董事会、监会在股票发行过程中以及对本招股说明书所应承担的责任与义务，由筹备机构承担，对董事、监事有关情况的披露改为对筹备机构成员有关情况的披露。

招股说明书的特点：

1. 招股说明书概要属于法定信息披露文件。招股说明书概要应当与招股说明书一并报请证券监管机构审批。作为招股说明书附件，招股说明书概要应依照法律规定和证券监管机构要求记载法定内容。

2. 招股说明书概要属于引导性阅读文件。招股说明书内容详尽但不便于投资者阅读和了解，为增强招股文件的易解性，尽可能广泛、迅速地向社会公众投资者提供和传达有关股票发行的简要情况，应以有限数量的文字作出招股说明书概要，简要地提供招股说明书的主要内容。一般情况下，招股说明书概要约为1万字左右。

3. 招股说明书概要属于非发售文件。根据现行规定，招股说明书概要标题下必须记载下列文字："本招股说明书概要的目的仅为尽可能广泛、迅速地向公众提供有关本次发行的简要情况。招股说明书全文为本次发售股票的正式法律文件。投资者在做出认购本股的决定之前，应首先仔细阅读招股说明书全文，并以全文作为投资决定的依据。"虽然招股说明书概要并非发售文件，但不得误导投资人。

二、上市公告书

上市公告书是上市公司申请其股票在证券交易所挂牌交易进入二级市场

前，按照有关法规披露信息的书面文件。我国规定上市公司必须在股票挂牌交易日之前的3天内、在中国证监会指定的上市公司信息披露指定报刊上刊登上市公告书，并将公告书备置于公司所在地，挂牌交易的证券交易所、有关证券经营机构及其网点，就公司本身及股票上市的有关事项，向社会公众进行宣传和说明，以利于投资者在公司股票上市后，做出正确的买卖选择。如果公司股票自发行结束日到挂牌交易的首日不超过90天，或者招股说明书尚未失效的，发行人可以只编制简要上市公告书。若公司股票自发行结束日到挂牌交易的首日超过90天，或者招股说明书已经失效的、发行人必须编制内容完整的上市公告书。

2001年3月15日，中国证监会发布了《公开发行证券的公司信息披露内容与格式准则第7号——股票上市公告书》，该准则的规定是对发行人上市公告书信息披露的最低要求。按照准则的规定，上市公告书的主要内容包括：总股本、可流通股票、本次上市流通股本、上市地、上市时间、登记机构和发行公司、上市推荐人、股票发行及承销、董事与监事以及高级管理人员的持股情况、财务会计资料、董事会上市承诺、重要事项提示。

三、定期报告

上市公司应当在每个会计年度中不少于两次向公众提供公司的定期报告，定期报告包括年度报告、半年度报告和季度报告，季度报告和半年度报告又称为中期报告。

1.中期报告的内容

（1）公司财务会计报告和经营情况。

（2）涉及公司的重大诉讼事项。

（3）已发行的股票、债券变动情况。

（4）提交股东大会审议的重要事项。

（5）国务院证券监督管理机构规定的其他事项。

2.年度报告的内容

（1）公司概况。

（2）公司财务会计报告和经营情况。

（3）董事、监事、高级管理人员简介及其持股情况。

（4）已发行的股票、债券情况，包括持有公司股份最多的前10名股东名单和持股数额。

（5）公司的实际控制人。

（6）国务院证券监督管理机构规定的其他事项。

为强化上市公司信息披露的及时性和真实性，进一步提高上市公司信息披露水平，2001年4月，中国证监会制定了《公开发行证券的公司信息披露编制规则第13号：季度报告内容与格式特别规定》，2002年第一季度起，所有上市公司必须编制并披露季度报告。

（1）季度报告注重披露公司新发生的重大事项，一般不重复已披露过的信息。对已在前一定期报告或临时报告中披露过的重大事项，只需注明该报告刊载的报刊、互联网网站的名称与刊载日期。

（2）公司应在会计年度前三个月、九个月结束后的三十日内编制季度报告，并将季度报告正文刊载于中国证监会指定的报纸上，将季度报告全文（包括正文及附录）刊载于中国证监会指定的互联网网站上。其中的财务数据应以人民币千元或万元为单位。

（3）季度报告的披露期限不得延长。第一季度报告的披露时间不得早于上一年度报告。

（4）公司应在披露季度报告后十日内，将季度报告文本一式两份及备查文件分别报送股票挂牌交易的证券交易所和公司所在地的证券监管派出机构。

（5）公司季度报告中的财务资料无须审计，但中国证监会或证券交易所另有规定的除外。

四、临时报告

临时报告是指上市公司在发生法定重大事件时对有关情况的报告。在证券交易所的交易中，有关上市公司的信息，特别是一些重要事项的信息，会对股票交易的价格产生重大影响。为了使投资者都能够平等地了解上市公司的有关信息，防止造成证券交易中的不公平。证券法规定，上市公司在发生法定的重大事件时应当制作临时报告。

所谓法定的重大事件,是指可能对上市公司股票交易价格产生较大影响而投资者尚未得知的事件,包括下列各种事件:

1. 公司的经营方针和经营范围的重大变化。经营方针是指公司进行经营活动的方向和最终要达到的目标。经营范围是指公司从事的行业、项目的种类。公司的经营方针和经营范围的重大变化在投资者尚未得知时,是重大事件。

2. 公司的重大投资行为和重大的购置财产的决定。重大投资行为是指公司进行数额较大的投资、对有较大影响的项目进行投资的行为。重大的购置财产的决定是指公司作出的、以较大数额的资金去购买、置备某一财产的决定或者购买、置备某一有较大影响的财产的决定。

3. 公司订立重要合同,而该合同可能对公司的资产、负债、权益和经营成果产生重要影响。资产是指公司有权使用,并能在未来给公司带来经济收益的一切资源。资产通常按其所属时间分为流动资产和长期资产两大类。负债是指公司在将来要放弃的经济利益。负债由过去或现在已发生的经济业务所引起,使公司负有在当前或未来某个具体的或可确定的时间用现金、劳务或其他资产进行偿付的经济责任。负债按其偿还期分为流动负债和长期负债。权益是指公司的全部资产扣除全部负债后的金额。经营成果是指公司在一定时期内从事生产经营活动所取得的利润或发生的亏损。可能对公司的资产、负债、权益和经营成果产生重要影响的重要合同,极有可能对上市公司股票交易价格产生较大影响,所以,公司订立重要合同,而该合同可能对公司的资产、负债、权益和经营成果产生重要影响的,在投资者尚未得知时,是重大事件。

4. 公司发生重大债务和未能清偿到期重大债务的违约情况。公司发生重大债务,有可能影响公司的经营。公司未能清偿到期重大债务这一违约情况发生后,其后果可能是被依法强制清偿甚至是被宣告破产。所以,公司发生重大债务和未能清偿到期重大债务的违约情况,可能会对公司的生产经营产生重大影响,也就可能对上市公司股票交易价格产生较大影响。

5. 公司发生重大亏损或者遭受超过净资产10%以上的重大损失。重大亏损是指公司发生的对公司有重大影响的净损失。公司一旦发生了重大亏损或者遭受了超过净资产10%以上的重大损失时，必然会影响到股东、债权人的利益，从而有可能对上市公司股票交易价格产生较大的影响。

6. 公司生产经营的外部条件发生的重大变化。公司生产经营的外部条件是在公司以外的、影响公司生产经营的各种条件。如银行利率的调整、国家产业政策等的影响，会对公司的生产经营产生直接的影响。

7. 公司的董事长，三分之一以上的董事，或者经理发生变动。

8. 持有公司5%以上股份的股东，其持有股份情况发生较大变化。持有公司的股份数额较大的股东其在股东大会上表决权的增加或者减少有可能影响公司的生产经营，并会对公众的信心产生影响，对该上市公司股票交易价格也会产生较大影响。因此，持有公司5%以上股份的股东，其持有股份情况发生较大变化，在投资者尚未得知时，是重大事件。

9. 公司减资、合并、分立、解散及申请破产的决定。公司减资是指公司依法减少其注册资本数额。公司合并是指一个公司吸收其他公司，或者两个以上公司合并设立一个新公司。公司分立是指公司将全部财产分割，重新设立两个以上公司，或者一个公司以其部分财产设立另一个公司。公司解散是指公司法人资格消灭的法律行为。公司申请破产是指公司因严重亏损，无力偿还到期债务而向人民法院申请宣告其破产。公司的减资、合并、分立、解散及申请破产，直接关系到公司注册资本的变化或者公司的生死存亡，关系到持有其股票的股东投资所要达到的获利目的的实现，所以，公司股东大会一旦作出减资、合并、分立、解散或者申请破产的决定，就会对该上市公司股票交易价格产生较大影响。

10. 涉及公司的重大诉讼，法院依法撤销股东大会、董事会决议。股东大会、董事会的决议违反法律、行政法规，侵犯股东合法权益的，股东有权向人民法院提起要求停止该违法行为和侵害行为的诉讼。在股东大会、董事会作出决议以后，法院依法撤销其决议，就很可能对公司的股票价格产生较大的影响。

11. 法律、行政法规规定的其他事项。

定期报告书制度的缺陷是信息公开滞后，不能及时满足公司信息公开的

第十章 有章可循——上市公司信息披露制度

最新性与迅速性需要。尤其在公司发生对证券投资判断有影响的特别事项时，定期报告书难以适应证券市场变动，不利于投资判断。为此，美国、日本实行临时报告书制度，以利于临时发生重大事件的信息迅速传递给投资人。

第三节 企业会计准则对上市公司信息披露的影响

《企业会计准则》重要条款的变化及对上市公司的报表编制及披露的影响，主要体现在会计要素的计量和会计信息的质量两方面，如图10-2所示。

```
企业会计准则           ┌── 资产和交易得到更为公允的反映
对上市公司信息 ──┬── 会计要素的计量 ──┼── 资金的时间价值得到体现
披露的影响      │                    ├── 避免通过跌价准备计提和存货计
                │                    │    价来调节利润
                │                    ├── 促进企业的债务重组
                │                    └── 金融风险的披露更为直接和透明
                │
                └── 会计信息的质量 ──┬── 存货
                                     ├── 资产减值准备
                                     ├── 债务重组
                                     ├── 投资性房地产
                                     ├── 收入
                                     ├── 所得税
                                     └── 合并会计报表
```

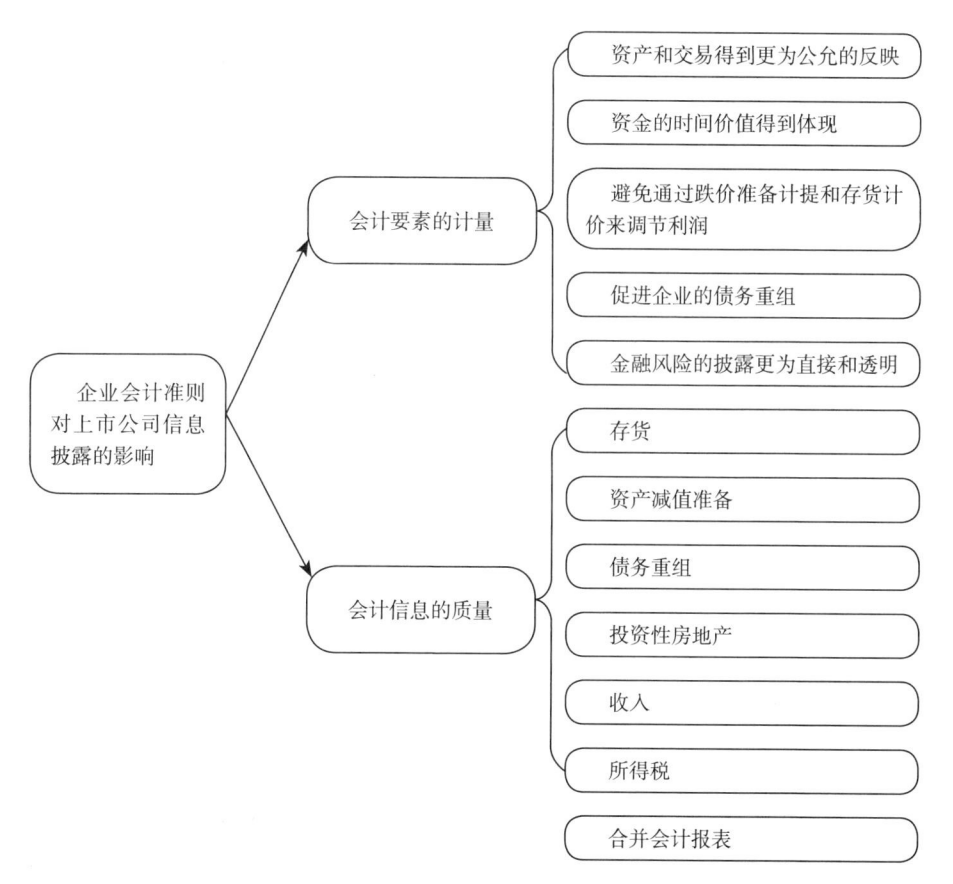

图10-2 企业会计准则对上市公司信息披露的影响

181

一、会计要素的计量

新准则体系特别强调会计信息的可靠性,在39个会计准则中86次出现"可靠"一词,非常明显地体现出对会计信息的积极意义,主要体现在如下几个方面:

1.资产和交易得到更为公允的反映

《企业会计准则》规定,非货币性资产交易应当以公允价值和应支付的相关税金作为换入资产的成本,公允价值与换出资产账面价值的差额记入当期损益。另外,为防止出现"不公允"的现象,规定必须满足两个条件才能使用公允价值:一是该交易具有商业实质,二是换入资产或换出资产的公允价值能够可靠计量。

2.资金的时间价值得到体现

金融工具确认和计量的准则要求公司对应收和应付账款采用实际利率法,按摊余成本计量,这样使企业中拥有长期应收、应付款项的长期资产、负债的账面价值改为现金流的折现金额。这种方法充分体现了企业资金的成本和结构,并促使企业对资产、负债的结构进一步优化,减少企业的风险。

3.避免通过跌价准备计提和存货计价来调节利润

按照新的会计准则,"存货跌价准备""固定资产减值准备""在建工程减值准备""无形资产减值准备",计提后不能冲回,只能在处置相关资产后,再进行会计处理。这一准则的出台,避免一些企业通过跌价准备来调节利润。即盈利上升时,多提减值准备,盈利下滑时,再将跌价准备冲回。同时,新准则还规定,发出存货取消"后进先出法",一律采用"先进先出法",这一方法的变革,也从一定程度上遏制了通过存货发出方法的变化来调节利润。

4.促进企业的债务重组

企业会计准则规定,债务人以现金清偿债务的,应当将重组债务的账面价值与实际支付现金之间的差额,记入当期损益;将债务转为资本的,应当将债权人放弃而享有的股份的面值总额确认为股本或者实收资本,股份的公允价值总额与股本或者实收资本的差额确认为资本公积。重组债务的账面价值与股份的公允价值总额的差额，记入当期损益，而原来会计制度规定将重组利得记入资本公积。企业会计准则在计量上体现了一定的公允性，将会使得一些上市公司为了使利润上升而进行债务重组，特别是对亏损的公司，这些企业通过重组将重新出现生机。

5. 金融风险的披露更为直接和透明

《企业会计准则》规定，金融工具确认和计量准则要求将衍生金融工具纳入表内核算，而且也引入了公允价值，这使得上市公司进行的一些高风险金融投资可以及时地在财务报表中得到反映，使治理层可以更直接地获取相关信息，为治理层更好地履行其职责提供了条件，同时也使投资者能更直接地了解上市公司衍生金融工具的情况。

二、会计信息的质量

1. 存货

新存货准则在存货的处理上取消原先采用的存货准则中的"后进先出法"。在市场物价不稳定的情况下，对采用"后进先出法"确定发出存货成本企业的利润构成一定影响。如在物价持续上升时，采用"后进先出法"确定发出存货成本的企业，其发出存货的成本偏高，期末存货价值偏低，当期利润会减少，而物价下降时正好相反。所以新存货准则取消"后进先出法"对企业利润的影响，取决于市场价格的走势。

2. **资产减值准备**

新资产减值准则规定，资产减值损失一经确认，在以后会计期间不得转回。明确所计提的减值准备不得转回，是考虑到目前借减值准备的计提和转回操纵利润的问题很大。资产减值准备的计提和转回能够造成企业利润在年度之间转移，能够在一定程度上平衡利润。执行新准则意味着，企业不能再利用减值准备转回迅速地改变财务报表，使报表信息更客观真实。但那些喜欢采用大幅计提减值准备进行利润调节的公司，有可能在2006年将减值准备全部冲回，否则，在2007年1月1日执行新的会计准则后，这些"被隐藏的利润"将再没有机会浮出水面，所以这些公司2006年的利润有可能大幅增长。

3. 债务重组

新债务重组会计准则改变了原准则"一刀切"的规定，详细规定了可能产生损益的债务重组的四大情况：第一，债务人应当将重组债务的账面价值与实际支付现金之间的差额，确认为债务重组利得，记入当期损益；第二，债务人以重组债务的账面价值与非现金资产公允价值之间的差额，确认为债务重组利得，记入当期损益；第三，当债务转为资本，重组债务的账面价值与股份的公允价值总额之间有差额，也可产生损益；第四，修改其他债务条件，使得重组债务的前后入账价值之间存在差额，也可产生损益。而原准则规定债务重组收益不能作为利润，只能记入资本公积。执行新准则，一些无力清偿债务的公司，一旦获得债务全部或者部分豁免，其收益将直接记入当期收益，进入利润表。

4. 投资性房地产

新投资性房地产准则规定在有确凿证据表明投资性房地产的公允价值能够持续可靠取得时，采用公允价值模式进行后续计量，以资产负债表日投资性房地产的公允价值为基础调整其账面价值，并将二者差额直接计入当期损益。而原制度下，房地产统一纳入固定资产或无形资产核算，需要定期计提折旧或摊销。此举不仅直接减少了折旧或摊销费用，使利润相应增加，而且在房地产市值提升的情况下，因其公允价值与原账面价值之间的差额记入当期损益，也将使当期利润相应增加。

5. 收入

新收入准则对收入的定义进行了修订。收入，是指企业在日常活动中形成的、会导致所有者权益增加的、与所有者投入资本无关的经济利益的总流入。在此强调流入仅指导致所有者权益增加的部分，投资者出资所导致的流入不在其中，突出了"会导致所有者权益增加"是收入的基本特征。新准则要求收入计量采用公允价值，规定收入应按其已收或应收对价的公允价值来计量。如果收入的名义金额与其公允价值通常为现值差额较小，可按名义金额计量；如果收入的名义金额与其公允价值差额较大，应按公允价值计量。执行企业会计准则，短期内推迟了部分企业确认收入的时间，特别是采用分期收款方式的企业。由于收款时间较长，对收入必须采用现值进行计量，从而减少了企业当期利润。但就长期看，并不影响企业盈亏和权益状况。

6. 所得税

新所得税准则规定，企业在取得资产或发生负债时，应当确定其计税基础。资产、负债的账面价值与计税基础存在差异的，应当确认所产生的递延所得税资产或递延所得税负债。执行新准则，所得税核算应采用债务法，由于实际工作中在大部分情况下，都可能产生递延暂时性差异，这会使本期递延所得税资产增加，本期所得税费用减少，从而增加本期利润。旧准则下，对由于亏损产生的所得税利益，不得确认为资产。执行新准则，应当以很可能获得用来抵扣可抵扣亏损和税款抵减的未来应纳税所得额为限，确认相应的递延所得税资产，这会使本期资产增加，利润增加。

7. 合并会计报表

新企业合并准则对企业合并业务的核算进行了区分。对同一控制下的企业合并行为与旧准则的处理原则相同，采用账面价值计量，有效避免了利润操纵。而对非同一控制下的企业合并则采用购买法核算，要求购买方在购买日对作为企业合并对价而付出的资产、发生或承担的负债应当按照公允价值计量，公允价值与账面价值之差直接计入当期损益，而根据原准则规定按照账面价格计量，则不产生损益。对在企业合并中由于资产按照公允价值计量而产生的商誉，不再进行摊销，相应增加资产数额。

三、新准则进一步完善

1. 为公允价值的使用创造良好的市场环境

创建一个公开、公平、公正的市场，以便公允价值的取得公开且方便，同时对公允价值的确认、运用建立更严谨和完善的管理、监督准则和制度，是新准则仍需要努力完善的地方。公允价值必须通过法律法规体系的建设、资本市场和要素市场的完善以及市场监管、职业道德建设等系统工程来解决，进一步完善会计准则体系。引入公允价值，逐渐保持与国际同步、公开的准则体系，我国现阶段还需要建立相应支持性市场和更完善的监督体系。这样，才能达到引入公允价值的真正目的，使交易经营活动的信息反馈更真实、公允。

2.规范无形资产的摊销期限和摊销方式

《企业会计准则》在无形资产摊销方式上，给予了企业比较大的可选择空间，对于这种空间，要进行管理和控制。摊销方式可以提供多种选择，但是针对不同的实际情况，应规定相应的选择。这样才能达到既灵活又充分适应各类无形资产的实际情况，使得新准则的灵活性和适用性发挥到最大效用，且能够很好地控制企业的会计准则执行情况，不随意更改会计政策、会计估计以达到不良意图的会计操控目的。

3.对权益结合法进行严格监管

由于权益结合法有利于改善合并企业的财务状况，并留下了利润操纵空间，而被多数国家限制或禁止使用。目前，我国治理会计信息失真的一项重要手段就是从制度上防止企业利润操纵，而此时在缺乏相关规范的情况下，企业会计准则在企业合并方面的规定仍旧不够完整和全面，比如换股合并的会计处理仍无规范可循。要遏制新准则下利用企业合并权益结合法进行操纵，仍旧要从制度规范、监督管理上下功夫。对于交易的实质性、资产账面价值的确认等需要更严格地把关。制定和完善相关规范，充分披露相关财务、非财务信息，是目前的新准则体系下需要进一步进行的工作。

4.提高会计信息的前瞻性

企业间竞争加剧，经营风险提高，预测和了解前瞻性信息有利于经营者、投资者及相关利益主体了解企业未来发展状况。预测信息在一定程度上缺乏可靠的保证，但是可以弥补没有预测信息的不足。企业应该根据过去的信息，采用前瞻性预测原则，分别编制预测资产负债表、预测利润表和预测现金流量表，对编制的预测报表要有一定的制度进行规范以便提高准确性。目前条件下，建议借鉴美国公司的做法，要求上市公司的管理层在提供财务报告分析和解释的同时提供公司业绩和前景讨论及分析，包括对现在已知的趋势、事项和不确定性对于公司流动性、资本资源和经营业绩的重大影响的评估等。

第十一章
借你一双慧眼
——企业利润操纵行为的识别

提到"操纵"两字，我们自然会想到非法的、不合规的行为。既然是不合规的行为，那为什么企业却要操纵利润呢？我们来看看我国证券交易所的规定：如果上市公司连续两年亏损或当年每股净资产低于面值，就要被实施有别于其他股票的交易制度，在股票名称之前冠以"ST"的符号以示区别，如果连续三年亏损，上市公司的股票就要被暂时停止交易，甚至被"摘牌"。因此，企业有操纵利润的动机。

了解企业操纵利润的手法非常重要，本章将向您介绍几种常见的手法，您可以试着寻找企业是否有操纵利润的痕迹。

第一节 利润操纵的概述

一、利润操纵的定义

对于利润操纵的定义,会计界存在两种观点:第一种观点将利润操纵等同于西方会计文献中的盈余管理,即公司管理层为实现自身效用或公司市场价值最大化等目的进行会计政策选择,从而调节公司盈余的行为。第二种观点将公司管理层出于某种动机,利用法规政策的空白或灵活性,甚至违法违规等各种手段对企业财务利润或获利能力进行操纵的行为称为利润操纵。无论第一种观点所称的盈余管理还是第二种观点所称的利润操纵都给证券市场带来许多非理性因素,为其健康发展埋下隐患。本书阐述用第二种观点。

二、上市公司利润操纵的动机

鉴于我国上市公司与国外上市公司所处的竞争环境、市场化程度、法律监管环境都存在很大的差异,因此国内上市公司在利润操纵的动机上也表现为不同于发达国家的形式,主要包括以下几个方面,如图11-1所示。

```
                ┌─ 保持或重新获得配股资格
上市公司利润     ├─ 扭亏为盈,改善公司在二级市场的形象
操纵的动机       ├─ 提高新股发行价格和配股价格
                └─ 实现盈利预测中的目标利润
```

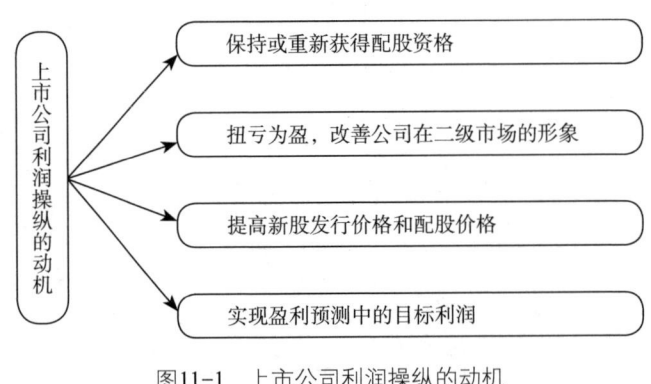

图11-1 上市公司利润操纵的动机

1.保持或重新获得配股资格

企业上市最直接的动机就是可以从社会上直接筹集到发展所需要的资金，上市公司通过证券市场进行融资的功能不是有限的，只要上市公司符合国家规定的有关政策和法规，便可以不断在证券市场上进行融资。目前，配股是上市公司上市之后进行再融资的重要手段。所以，未失去配股资格的公司保资格，失去配股资格的公司千方百计重新获得配股资格。中国证监会对配股政策作出的规定为："上市后最近三年平均10%以上，计算期内任何一年都必须高于6%。"如果上市公司前两年的经营状况良好，其净资产收益率均能达到规定的标准，但如果第三个会计年度的净资产收益率过低，使得三年平均净资产收益率达不到10%，或当年净资产收益率达不到6%，就意味着公司要从下一个会计年度起重新努力，直到达到法律规定的要求才能进行融资，也意味着最少三年以内，上市公司无法进行配股。在公司经营业绩无法完成的情况下，只好借助于其他形式，可见保持或重新获得配股资格就成为上市公司进行利润操纵的主要动机之一。

2.扭亏为盈，改善公司在二级市场的形象

公司上市对于企业的另外一个影响就是提高公司的知名度。许多公司在上市以前默默无闻，上市之后却成为证券市场上投资者关注的热点，知名度大大提高。作为企业的大股东和经营者其声誉、能力和上市公司的形象联系在一起，往往与上市公司的形象俱荣俱损。如果上市公司的业绩不佳甚至亏损，公司的股票就会进入"垃圾股"的行列，公司形象也随之受损。更为重要的是，按照我国证券交易所的规定，如果上市公司连续两年亏损或当年每股净资产低于面值，就要被实施有别于其他股票的交易制度，在股票名称之前冠以"ST"的符号以示区别，如果连续三年亏损，上市公司的股票就要被暂时停止交易，甚至被"摘牌"。由于种种原因，业绩不佳或长期亏损的上市公司的股东、管理层以及地方政府都希望扭亏为盈。如果正常的经营不能保证上市公司摆脱困境，一些相关的利益关系人就会采用利润操纵的方法借以扭亏。

3.提高新股发行价格和配股价格

上市公司发行股票的直接目的就是最大限度地从社会筹集到资金，公司所能募集资金的数量取决于股票发行数量和股票发行价格两个因素。由于前些年股份公司发行新股和股票上市实行的是计划额度制，在额度一定的情况下，要利用这难得的机会筹集到更多的资本，只能尽量提高新股价格。而我国股票发行价格采用了固定定价方式，即股票的发行价格是事先按照一定的计算公式确定，然后按照此固定价格发行。其中发行价格等于每股税后利润乘以发行的市盈率，而股票的市盈率一般在 13～17 倍，所以每股税后利润的大小就成为企业是否能够筹集到足够资金的决定因素。因此，一些上市公司有意提高每股利润，而一些券商为了争取到公司股票的承销资格，也承诺帮助公司进行利润"包装"，由此产生了利润操纵的动机。此类问题在配股过程中同样存在，配股的定价虽没有市盈率等方面的限制，但是也必须要考虑市场的接受能力以及投资者对本公司的评价，否则就有可能产生配股风险，对上市公司和券商都会产生不良影响。而公司往年的业绩是市场和投资者对公司经营评价的重要方面。因此，在发行新股和配股过程中，通过提高股价达到筹资最多的目的是对上市公司进行利润操纵的重要动机之一。

4. 实现盈利预测中的目标利润

1997 年 1 月 6 日，中国证券监督管理委员会正式颁布《招股说明书的内容和格式》和《上市公告书的内容和格式》并于 1997 年 4 月 1 日正式实施，为了配合两个制度的实施，中国证券监督管理委员会发布了《关于股票发行工作中的若干通知》。上述制度规范中要求上市公司预测的会计数据包括会计年度利润总额、每股收益、市盈率、预测实现上市后的每股净资产，并说明所得税率，如果发行人有需要编制合并会计报表的子公司，还应提供合并盈利预测。公开公布的盈利预测指标，对上市公司而言，无异于向投资者承诺其目标利润，为了在发行及上市过程中得到投资者的青睐，许多上市公司特别注重盈利预测，而一些业绩不佳的公司为了实现其盈利预测，也就产生了利润操纵的动机。

三、利润操纵的危害

会计利润是会计信息的重要组成部分，会计利润失真，无论是对广大的投资者，还是对整个社会、政府以及金融部门和企业，都存在极大的危害，历史上这样的教训很多。主要危害有以下几个方面，如图 11-2 所示。

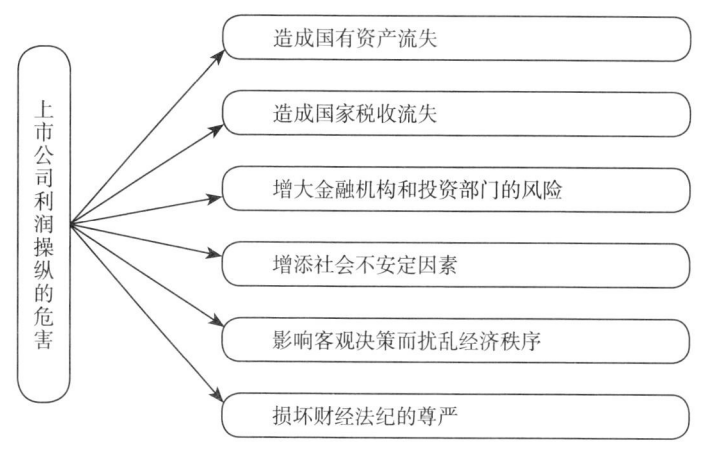

图11-2 上市公司利润操纵的危害

上市公司利润操纵的危害：
- 造成国有资产流失
- 造成国家税收流失
- 增大金融机构和投资部门的风险
- 增添社会不安定因素
- 影响客观决策而扰乱经济秩序
- 损坏财经法纪的尊严

1.造成国有资产流失

许多企业制造虚假利润骗取国家的优惠政策或财政补贴；在虚假财务报告的掩护下，有些上市公司通过国有股减持等形式，转移、私分和侵占国有资产，造成大量的国有资产流失。

2.造成国家税收流失

许多私营企业为了偷逃税金，经常多开进项增值税发票，少开销项发票，制造假会计凭证，抬高原材料支出价格，少交增值税，同时又使当期利润减少，从而少交企业所得税，偷逃税款，化公为私，不知创造了多少人暴富奇迹。

3.增大金融机构和投资部门的风险

金融机构和投资部门依据企业的盈利状况向企业提供贷款和投资，依据虚假的利润对其贷款和投资后，金融机构和投资部门的风险加大。企业虚盈实亏，金融机构和投资部门的资金有可能收回无望，当今金融机构之所以有大量的不良资产，都是虚假利润造成的。

4.增添社会不安定因素

虚假利润容易造成虚假繁荣，引发经济膨胀，增长人们的期望值等。这无疑增添了社会的不安定因素，很可能引发社会动荡。如财务造假制造出浮夸、虚假利润的背后，国有资产得不到保值增值，反而大量流失，超过一定限度必然影响国民经济的健康发展，对经济生活构成许多隐患。

5.影响宏观决策而扰乱经济秩序

国家制定宏观的经济政策很大程度上依据有关的会计信息，如果基层单位财务造假，会计信息系统出现故障，输出的信息出现虚假，那么必然影响宏观经济信息的及时性、准确性和有效性。当财务造假积累至一定规模且不能及时发现和排除时，国家赖以决策的信息依据出现障碍，就会导致国民经济管理和决策的失误。

6.损坏财经法纪的尊严

利润造假和国家法律法规对立，为法律法规所不容。它的存在和蔓延是对国家法律法规的蔑视，是对法律的挑战，长期下去，人民对国家法律法规的严肃性、权威性必然产生怀疑，法律法规的贯彻、落实必然会遇到越来越大的阻力和障碍。

第二节 企业操纵利润的常见手法

企业操纵利润的常见手法如图11-3所示。

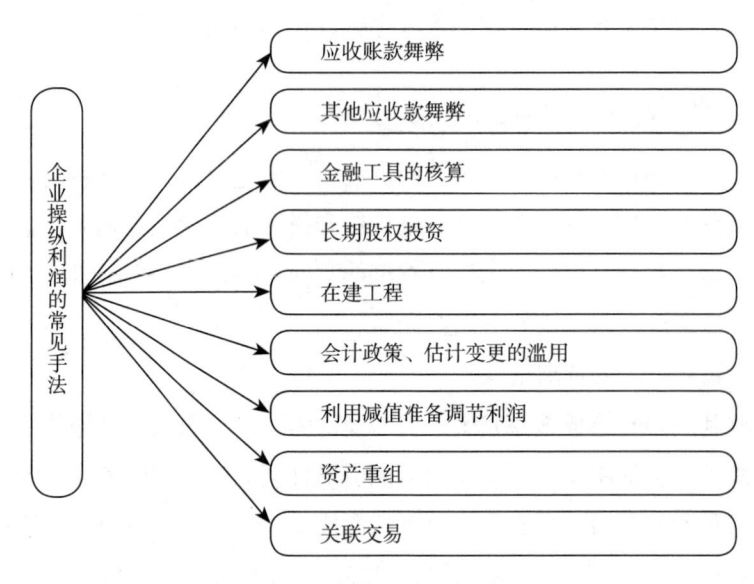

图11-3 企业操纵利润的常见手法

- 应收账款舞弊
- 其他应收款舞弊
- 金融工具的核算
- 长期股权投资
- 在建工程
- 会计政策、估计变更的滥用
- 利用减值准备调节利润
- 资产重组
- 关联交易

一、应收账款舞弊

应收账款是企业因销售产品、提供劳务及其他原因，应向购货方或接受劳务的单位收取的款项，因它是企业的销售业务也是企业的主营业务，因此，一般而言，应收账款能否收回，对企业业绩影响很大。但对于三年以上的应收账款，收回的可能性极小，按规定应转入坏账准备并计入当期损益，按规定三年以上的应收账款转为坏账。由此可见，应收账款对收益的影响极大。在现实中还有这样一种情况，即企业为了虚增销售收入的需要而虚列应收账款，因此，对由于"应收账款"科目而导致的利润操纵一定要引起特别的注意。

应收账款作为影响企业利润的主要因素，长期以来被许多企业所利用作为粉饰企业利润的一种工具。在正常情况下，企业的主营业务收入是企业的主要利润来源。应收账款则是影响主营业务利润的重要指标，当然企业的其他经营业务也会产生一定的应收账款。

企业在实际操作过程中通常会采用以下的手段，对企业利润，特别是年终利润进行粉饰。

1. 根据不同的应收账款的账龄计提坏账准备。企业往往会根据自己年终时候对于报表盈亏的需求，少计或多计坏账准备来增加或减少利润。有些企业的应收账款已经成为了坏账，但是企业为了虚增利润还是继续计提坏账准备。

2. 企业为了获取账面上主营业务收入的增长，也会选择在年终的时候虚开发票，同时在次年的时候又以质量不符等原因将这些应收账款进行冲销。这样就能使得企业上年的应收账款出现虚增。

3. 此外，企业还会将已经损失掉的资产转入其他应收款科目，使企业的亏损也无法体现出来，同样导致了虚增利润。

二、其他应收款舞弊

其他应收款舞弊的形式有以下情形：
1.利用其他应收款科目隐藏短期投资，截留投资收益
例如，某股份有限公司资金充裕，在近期刚好没有大额资金支出，为了

使放在银行里的款项能够升值，该企业在资本市场上买入了股票和债券，企业进入股市的资金没有通过交易性金融资产反映，而是采用捏造一家往来单位，虚列债权的手法掩饰其短期投资。企业购买证券时，借记：其他应收款，贷记：银行存款。当资金退出资本市场时又做金额相等的反向分录。而这部分资金在资本市场上产生的投资收益在账外金额用来扩大企业高层员工的奖金和福利开支。

2. 利用其他应收款隐藏利润，偷逃税款

为了逃避应缴税金，企业常用的手法是将销售收入、其他业务收入、营业外收入挂在其他应收款上。

3. 利用其他应收款转移资金

企业不正常的重大现金流出多通过其他应收款科目。大股东占用上市公司款项、企业高管卷款而逃，其他应收款在其中都发挥了重要作用。

例如，××企业最高级管理人员凌驾于企业内部控制制度之上，将企业经营性资金转入公司下设的二级子公司，贷记银行存款。而后，又将这笔资金从二级子公司账户转到其个人银行存款财户中。

4. 利用其他应收款私设小金库

例如，企业借给职工个人的差旅费，企业有可能编造一些本来不是企业员工的个人挂账。在员工借款时，记入其他应收款，实际上这些款项全部转到账外进入了企业小金库中。

5. 利用其他应收款隐藏费用

上市公司为了迎合资本市场上财务监管机构所设立的作为特定行为先决条件的门槛指标，在盈利水平不佳的年度往往会通过其他应收款科目直接列支费用，使企业的费用虚减。

> 案例分析

（1）鞍山一股份公司1998年实现净利144万元，这是其1996～2001年6年中唯一的一次盈利，其他应收款项目对这144万元的盈利作出了很大的贡献。公司1998年的"其他应收款"账户期末余额6.2亿元，其中应收关联企业——鞍山万荣铸轧有限公司3.67亿元账款，公司当年确认了对鞍山万荣的资金占用费3 599万元和鞍山红拖产业公司占用费1 883万元，两项合计冲减了财务费用5 482万元，直接增加了当年利润。

（2）哈尔滨高科技（集团）公司1999年向国家开发银行贷款4.77亿元，后来全部被股东——开发区基础设施公司所占用，名义上是向开发区基础设施公司预付开发费用，哈尔滨高科技（集团）公司一直以"预付账款"方式进行账务处理，负债记为"长期借款"，在2001年将9 525万元的预付账款转到"其他应收款"账户，并计提坏账准备，这笔由预付账款转化而来的坏账准备增加了企业账面亏损。

三、金融工具的核算

根据《企业会计准则第22号———金融工具确认和计量》的规定，对于交易性金融资产，取得时以成本计量，期末按照公允价值对金融资产进行后续计量，公允价值的变动记入当期损益，按照这一规定，上市公司进行短期股票投资的，将纯粹采用市价法，这样规定对股票投资者将更有益处，如果当期股票或债券的价格大幅上升，公司当期利润就会大幅增加，反之则情况相反。新准则还规定衍生金融工具一律以公允价值计量，并从表外移到表内反映。随着我国股改的深化，股指期货这一交易品种的推出，要求上市银行和证券公司必须考虑表内化将对企业利用衍生金融工具进行风险管理的行为产生重大影响，由此也将对报表产生影响。例如，某上市公司以每股5元在二级市场买入了1 000万股股票，年底上涨到10元并卖出，原来该公司的5 000万元账面所得不记入当期利润，报表中仍按照5元成本记入资产。但如今按照10元计价，并且将为公司增加5 000万元投资收益，上市公司容易借此机会操纵利润来降低市盈率，防止股价下跌。

四、长期股权投资

如调节股权投资比率。根据企业会计准则的规定，上市公司对于持有股权比率20%以下的子公司一般采用成本法核算；对于持有股权比率20%以上50%以下的子公司采用权益法核算。不同核算方法公司当期利润反映就不一样，因此对于连年亏损的子公司，上市公司一般将其股权减持至19%，以暂时隐藏该项亏损；而对于盈利状况较好的子公司如股权比率在20%以下，上市公司一般会寻求提高股权比率至20%以上，将投资收益核算方法由成本法改为权益法，一方面可虚增当期利润，另一方面却无须为这些增加的利润缴纳所得税。

五、在建工程

这主要体现在大部分企业在自行建造固定资产时，都会对外部分融入资金。而借款须按期计提利息，按会计制度规定，这部分借款利息在在建工程没有办理竣工手续之前应予以资本化。如果企业在建工程完工了而不进行竣工决算，那么利息就可计入在建工程成本，从而使当期费用减少（财务费用减少），另一方面又可以少提折旧，这样就可以从两个方面来虚增利润。

案例分析

如达尔曼公司就曾利用这一方法进行盈余管理。该固定资产投资不断，经常有巨额的在建工程款项，而且这些工程经常不能按时产生效益。达尔曼第一次发行股票募集的1.47亿元资金主要用于固定资产投资，此后两次配股共募集近6亿元，也是主要用于固定资产投资；主要工程建设项目有珠宝首饰加工生产线扩建、西安国际珠宝交易中心、都江堰宝石加工中心、生态农业和园艺项目等，预计产生效益的周期从一年到三年不等。达尔曼董事会几乎每一年都要提出新的固定资产投资项目投入资金动辄几千万元，导致公司总资产中的"在建工程"款项长期居高不下。由此可见，长期挂账的在建工程对该公司的利润操纵真可谓是意义重大。

六、会计政策、估计变更的滥用

会计政策是指企业会计核算时所遵循的具体原则以及企业所采纳的具

体会计处理方法。它有以下特点：①会计政策包括不同层次，涉及具体会计原则和会计处理方法；②会计政策是在允许的会计原则和会计方法中作出的具体选择；③会计政策是企业进行会计核算的直接依据；④会计政策应当保持前后各期的一致性。会计政策的这些特点给企业操纵利润带来很大的想象空间。例如，随意改变折旧的计价方法从而达到企业利用会计政策调整利润的目的。根据《企业会计准则第4号——固定资产》的相关规定，固定资产的折旧方法一经确定，不得随意变更，但与固定资产有关的经济利益预期实现方式有重大改变的，应当改变固定资产折旧方法。但在实际操作中，常有企业为掩饰停产、财务状况恶化等不良情况而提供虚假的会计信息。

另外，还有可能出现收入的不恰当确认。

案例分析

某上市公司20××年上半年B产品实现销售收入86 301万元，其中，通过甲公司采购原料和销售B产品的金额分别为7.71亿元和8.45亿元，分别占该上市公司B产品原料总采购量的90%和主营业务收入总额的98%。可见，甲公司直接左右该上市公司的生存。上市公司通过甲公司进口原材料与销售产品，销售总金额比进口的总金额多出0.74亿元。如果简单地进行抵销，该上市公司的往来款余额不应超过0.74亿元，但是，该上市公司应收甲公司账款的余额为5.29亿元，这说明该上市公司将产品销售给甲公司却没收到回款。同时，该上市公司预付甲公司采购原料的货款为0.82亿元。如果真如该上市公司所说产品供不应求，就不会有上述欠款情况发生，这说明该公司涉嫌虚构收入。

会计估计则是指企业对其结果不确定的交易或事项以最近可利用的信息为基础所作的判断。由于企业经营活动中内在不确定因素的影响，某些会计报表项目不能精确地计量，而只能加以估计。如果赖以估计的基础发生变化，或者取得新的信息、积累更多的经验以及后来的发展变化，可能需要对会计估计进行修订。因为会计估计过多依靠会计人员的职业判断，所以容易出现人为的调节利润。

七、利用减值准备调节利润

资产减值准备计提不当。企业应当定期或者至少于每年年度终了对各项资产进行全面检查，并根据谨慎性原则的要求，合理地预计各项资产可能发生的损失，对可能发生的各项资产损失计提资产减值准备。资产减值准备计提不当也是滥用会计政策操纵利润的手段之一，主要表现为：

1.利用计提减值准备，将以前年度虚增的利润以计提减值准备的方式冲回，既不影响当期经营成果，又能轻松摆脱虚增利润的嫌疑。

案例分析

某公司披露20××年年报，对应收账款、其他应收款全额计提坏账准备100 000万元，其中本年度对关联单位计提坏账准备65 000万元，对非关联单位计提35 000万元。

该公司董事会解释，全额计提坏账准备是由于与这些单位联系不上或债权人资不抵债。但关联单位20××年度应收账款增加了13 436万元，非关联单位20××年度应收账款增加了4 496万元，两者相加一共有17 932万元，远远高于20××年度主营业务收入3 187万元。这不得不使我们产生以下疑问：20××年度应收账款增加数较主营业务收入多出的14 745万元是由于这些债权单位20××年度从该公司借款形成的，还是因该公司以前年度的经营亏损从其他科目转入形成的？该公司明明知道这些单位联系不上或资不抵债，却仍与这些单位发生如此大金额的应收账款，这说明该公司有利用计提坏账准备之际处理以前年度虚增收入，以冲回以前年度虚增利润之嫌。

2.编制全额计提减值准备理由，为以后年度减亏盈利创造条件，即某些企业采取的是"洗大澡"手法，"小亏不如大亏，大亏意味着未来盈利"。

八、资产重组

资产重组是企业为了优化资本结构、调整产业结构、完成战略转移等目的而实施的资产转换和股权转换。然而，在一些上市公司中，资产重组却被用作利润操纵的重要手段。年关将近，那些净资产收益率不到 10% 的公司或亏损公司，纷纷进行资产重组，把非上市公司的利润转移到上市公司。资产重组是上市公司乌鸦变凤凰的诀窍。在 2007 年四家业绩预增 1 000% 以上的公司中，靠业绩重组实现利润暴增的占 60% 以上。

案例分析

华仪电气 2007 年 10 月 30 日公告，因公司实施重大资产重组后，公司主营业务发生根本性变化，资产盈利能力大幅提升，预计公司 2007 年 1～12 月净利润与上年同期相比将增长 2 700% 以上，上年同期（未按企业会计准则调整）净利润为 254.41 万元，每股收益为 0.01 元。

国兴地产由于公司已于报告期末完成了新增股份购买资产等一系列资产重组工作，进入公司的房地产业务在四季度将产生显著的效益。2007 年 1～12 月业绩同比增长 3 500%～3 800%。2006 年度业绩：净利润 1 348 234.58 元，每股收益 0.021 元。

九、关联交易

我国的许多上市公司由国有企业改组而成，一般是通过对国有企业局部改组而成，因此股份制改组并上市后，上市公司与其母公司及其控股子公司之间存在错综复杂的关联交易。关联方交易不同于单纯的市场行为，存在通过地位上的不平等而产生交易上的不平等从而来迎合自己利益需要的可能。主要表现在以下几方面：

1. 关联交易调整利润

如上市公司将不良资产委托给母公司经营，定期收取回报，这既可回避不良资产的亏损，又可获得利润；或者是母公司将稳定、高获利能力的资产以低收益的形式由上市公司托管直接计入上市公司的利润；或通过合并子公司或者孙公司的财务报表来实现利润虚构。

> 案例分析

ST 苏三山，1997 年销售一批货物给该公司的控股股东的子公司，销售收入 16 002 万元，销售成本 14 002 万元，产生净利润 2 000 万元，交易价格由协议确定。这项交易利润占公司 1997 年利润总额的 23.5%。

2. 通过转嫁费用的形式调节当期利润

上市公司与母公司之间对于费用问题应该有明确的划分，但上市公司效益不理想或不足以达到所需要的利润目标时，便采取替上市公司分担部分费用如广告费、离退休人员的费用，通过资金拆借向关联企业收取资金占用费，以及其他管理费用的办法来调节上市公司的利润。

按照有关法规规定，企业之间是不允许相互拆借资金的，但实际上关联企业间的资金拆借现象非常普遍。如某公司对关联企业进行长期债权投资，按 20% 的比率收取固定回报，为企业创造了一大块利润。利用关联企业间的托管经营调节利润。目前，由于我国证券市场还缺乏托管经营方面的法规及操作规范，托管经营就成为上市公司利润操纵的另一方式。一些上市公司将不良资产委托给关联企业经营，定额收取回报，使上市公司既回避了不良资产的亏损，又凭空获得了一块利润。反之，关联企业也可以通过把获利较强的资产以较低的收益由上市公司托管，直接为上市公司注入利润。

3. 资产重组调整利润

在资产重组中，公司可以利用股权转让、资产置换、对外并购、对外转让资产等方式为提升业绩服务。资产转让是用来提高当期收益的最便捷的手段，特别是对于控股股东实力雄厚的公司，控股股东对其支持的主要手段便是溢价收购该公司的不良资产，包括应收账款、存货、投资以及固定资产等，或者上市公司以不良实物资产与控股股东合资成立公司，由此来降低该不良资产给上市公司带来的损失。

> **案例分析**

A 公司以一台机器设备与 B 公司的一批原材料相交换，换入的原材料作为原材料管理。A 公司机器设备的账面原价为 600 万元，已提折旧 50 万元（未计提固定资产减值准备），评估确定的公允价值为 500 万元（公允价值应为 450 万元）；B 公司的原材料账面价值为 400 万元，公允价值为 400 万元（计税价格为公允价值）。B 公司另外支付 100 万元的补价给 A 公司。由于补价 100 万元 / 500 万元 =20% ≤ 25%，A 公司应确认收益 = 换入资产的价值 + 补价 −（换出资产账面价值 + 应支付的相关税费）= 换出资产的公允价值 − 换出资产账面价值。

以实际公允价值计量情况下：A 公司应确认的损益 =450−(600−50)=−100（万元）

以高估的公允价值计量情况下：A 公司应确认的损益 =500−(600−50)=−50（万元）

分析发现：一方面，在高估的公允价值条件下，A 公司将会减少交换损失 50 万元，以至于使得当年利润比原先虚增 50 万元；而另一方面，如果不进行非货币性资产交换，A 公司需要在期末计提减值准备 100 万元，从而使利润减少 100 万元。这笔业务的发生也使得 A 公司间接增加了 100 万元的利润。

4.通过转让定价避税

所谓"转让定价"是指关联企业之间进行经济活动时，不按正常价格交易，而是通过抬高或压低交易价格使用利润转移的手段，以达到避税目的。从我国目前的实际情况看，关联企业主要使用以下手法进行避税：①购销业务中，高价进、低价出，转移企业利润，逃避税收。②在投资或承包工程时，抬高设备或工程造价，从中牟利。③在贷款业务中转让定价，进行避税。④在提供劳务和无形资产中转让定价，逃避税收。

5.通过资本弱化避税

资本弱化是指纳税人为了少纳税或其他目的,在投资企业中增加贷款比例,减少所有者权益的份额,以贷款代替所有者权益进行投资或融资。跨国公司通过高负债、低投资,增加利息支出,由于法律规定利息支出可在税前扣除,这样就转移减少应税所得。关联企业常用此来将利润转变成关联方的利息,以达到避税的目的。

第三节 防止利润操纵的方法

1.进一步完善会计法规,尽量克服会计政策和会计方法本身的不确定性

当前我国建立现代企业制度要求赋予企业充分的自主权,与之相适应的会计改革也要求给予企业较大的会计政策选择权。在会计制度上目前要做的是如何把规则制定得更具体和更具可操作性,对会计政策和会计方法的选择上要有所限制,避免企业通过会计制度的缺陷来调节利润。

2.采用物价变动会计,在一定程度和范围内修正历史成本原则

由于物价变动,历史成本会计不能为信息使用者提供可靠的会计信息,而物价变动会计可以弥补历史会计这一不足,能反映和修正物价上涨或下跌对会计数据的影响。采用物价变动会计方法,根据各类资产的特点,具体制定价值调整方法,可以反映企业各类资产的实际价值,各种产品的实际成本以及准确计算各会计期间的实际损益,避免历史成本会计产生的虚增、虚减收益,提供准确会计信息。

3.健全内部会计监督体系

会计法对凭证编制、会计账簿登记、会计报表编制等会计核算要求,保证会计核算内容的准确完整,保证会计信息质量都有明确规定。现在要做的是严格会计法律责任,改变当前有法不依、违法不纠的混乱局面。对热衷于粉饰经营业绩,强迫、诱使会计人员做假账、编制假财务报告的企业负责人和编造虚假核算资料的会计人员要严格依照《会计法》进行惩处。

4.改善外部环境,构建规范的法人治理结构

要想从制度上杜绝虚假会计信息的产生,避免人为操纵利润,确保会计信息质量管理的有效运行,必须完善法人治理结构,强化企业内部监督约束机制,强化监事会、财务总监、内部审计机构、审计委员会的职权,建立健全经理法人的激励约束机制,对经理人实行期股期权薪酬制度等较长时期的经营业绩的评价标准,鼓励经理人集中精力提高公司长期经济效益。

5.加强会计信息监管,形成有效的外部约束机制

我国绝大多数利润操纵并非由于会计法规不健全,而是通过弄虚作假,进行利润操纵。要消除这一现象,必须依靠包括会计师事务所、证券监管部门和证交所在内的社会监督,促进企业严格遵守会计规范。

当前,我国会计师事务所存在数量多、规模小、集中程度低、无序和不当竞争等问题,严重影响审计质量。应将现有会计师事务所改造成会计师事务所联合体,联合体成员执行共同的执业标准和收费标准,联合体成员之间相互监督、风险共担。

我国证券市场管理同样存在多头管理、体制混乱的情况,应逐步改革现有证监委由多部门派人组成的局面,组成独立的证监委,逐步形成证监委、证监会、证券交易所三位一体的管理体制。

针对目前存在会计师事务所、证券交易所与企业合伙作假误导、坑害会计信息使用者的情况,要制定有关法规,对因出具虚假会计审计报告,有意或明显过失提供错误会计信息造成会计信息使用者重大损失的,要追究提供者的责任。

6.企业负责人要对本单位的损益真实性负责

按照《会计法》的规定,企业负责人是本单位会计工作第一责任人,当然也要对盈余信息的真实性负首要责任。企业负责人要增强法律意识,明确应负的法律责任,克服急功近利思想,学习和掌握一定的会计知识,重视企业内部控制制度建设,保证会计人员依法履行职责,切实对本单位会计资料和财务成果的真实性负责。

7.推行会计委派制,提高会计人员的综合素质

目前,会计信息失真、人为操纵利润现象普遍与会计人员专业素质差和

职业道德水平低下、法制观念不强、会计工作受制于本单位负责人不能独立开展工作有关。实行会计委派制，有利于选拔合格会计人员和提高会计人员的素质，同时可以使会计人员能够独立进行会计核算，更好地行使《会计法》赋予的会计监督权力。

防止利润操纵的方法如图 11-4 所示。

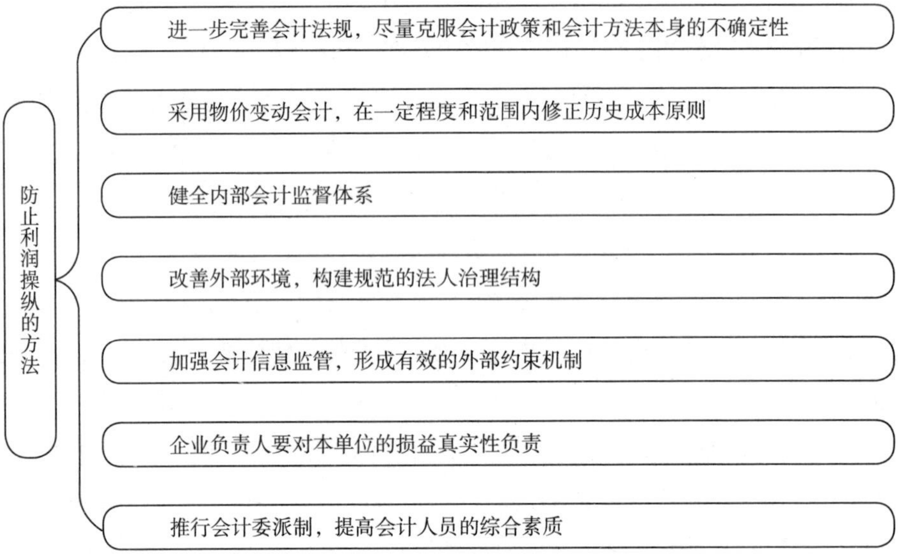

防止利润操纵的方法：
- 进一步完善会计法规，尽量克服会计政策和会计方法本身的不确定性
- 采用物价变动会计，在一定程度和范围内修正历史成本原则
- 健全内部会计监督体系
- 改善外部环境，构建规范的法人治理结构
- 加强会计信息监管，形成有效的外部约束机制
- 企业负责人要对本单位的损益真实性负责
- 推行会计委派制，提高会计人员的综合素质

图11-4　防止利润操纵的方法